住房和城乡建设部：小城镇建设规划事业费专项课题

共同缔造

广东省典型地区乡村风貌塑造

李志　王平　高海峰　王瑜　著

U0330633

中国建筑工业出版社

图书在版编目（CIP）数据

共同缔造：广东省典型地区乡村风貌塑造 / 李志等
著. —北京：中国建筑工业出版社，2022.3
ISBN 978-7-112-27276-1

Ⅰ.①共… Ⅱ.①李… Ⅲ.①村落—研究—广东
Ⅳ.①K926.55

中国版本图书馆CIP数据核字（2022）第058242号

随着乡村振兴战略的实施，乡村风貌的塑造成为乡村建设工作的重点之一。广东省乡村文化类型多元、经济水平多样，在全国范围内具有突出的典型性。21世纪以来，广东省各级政府在中央政策导向下，围绕乡村风貌的塑造采取了大量政策措施。过往对于乡村风貌塑造的研究主要在于乡村的历史文化、经济和社会变革乡村等内部因素引发的乡村风貌变化，本书基于对广东省典型地区乡村的实地调查，对广东省各级政府采取的各项政策措施对乡村风貌塑造的影响机制进行详细的剖析，为全国各省市地区的乡村风貌塑造工作提供了重要的政策制定依据和参考。本书适用于建筑学、城市规划、新农村建设等方向的工作者以及相关政府部门从业者阅读参考。

责任编辑：张　华　唐　旭
书籍设计：锋尚设计
责任校对：王　烨

共同缔造
广东省典型地区乡村风貌塑造
李志　王平　高海峰　王瑜　著

*

中国建筑工业出版社出版、发行（北京海淀三里河路9号）
各地新华书店、建筑书店经销
北京锋尚制版有限公司制版
天津图文方嘉印刷有限公司印刷

*

开本：880毫米×1230毫米　1/16　印张：7¾　字数：174千字
2022年6月第一版　　2022年6月第一次印刷
定价：**80.00**元
ISBN 978-7-112-27276-1
（38891）

出版说明

习近平总书记指出："我们要坚持道路自信、理论自信、制度自信，最根本的还有一个文化自信。"优秀的传统文化是中国文化自信的重要来源，而乡村地区正是我国优秀传统文化的基因库。我国很长时间内是一个农业大国，承载着几千年未间断的人类农业文明，在接续推进全面脱贫与乡村振兴有效衔接的过程中，如何更好地发掘和塑造岭南特色乡村建筑风貌显得尤为重要。

本书编著内容是基于住房和城乡建设部小城镇建设规划事业费专项"广东省典型地区乡村风貌塑造案例研究（2020年）"课题的研究成果。2019年11月，全国政协委员林武、岳世鑫、陈显国、傅建国、黄少康向住房和城乡建设部建言，提议开展"创建新时代农村房屋建筑风貌"研究。住房和城乡建设部党组书记、部长王蒙徽高度重视并做出批示，副部长倪虹立即主持召开课题研究会议，要求广东省住房和城乡建设厅大力支持研究工作，村镇建设司通过小城镇建设规划专项予以立项并完成开题手续，广东省住房和城乡建设厅按照要求立即组建专家研究团队，并且确定了由广东工业大学李志团队承担该项课题研究。

广东工业大学李志团队长期从事参与省内乡村规划编制实施、乡村风貌塑造研究等工作。2017年9月，广东省2277个省定贫困村创建社会主义新农村示范村规划编制工作会议在梅州蕉岭县召开。2018年5月，李志作为专家组组长主持了全省2277个省定贫困村乡村规划编制整体验收，与全省近百家规划编制单位顺利完成整治创建规划成果审查。同时，李志带领的广东工业大学规划设计团队足迹踏遍全省，共参与完成2000多个典型地区行政村乡村规划的编制，在本课题中凝炼成为我省乡村建设规划管理实践的理论创新和政策支撑。

课题组开题后即面对突如其来的新冠疫情，开题报告和成果评审只能通过网络进行汇报。在广东省住房和城乡建设厅、各级住房和城乡建设部门，以及各地镇村的全力支持配合下，课题组在疫情期间克服重重困难，按时且高质量完成了结题验收。该课题较好地反映了自国家实施乡村振兴战略以来，在住房和城乡建设部"共同缔造"理念指导下，广东各地围绕乡村建筑风貌塑造所做的有益探索。课题组结合广东典型的岭南乡村地域和文化特点，总结了风貌塑造中党建、规划、实施、人才和文化等方面经验，提出了具有参考价值的机制创新思路和政策实施建议。

广东省住房和城乡建设厅

序

    城乡房屋建筑风貌是一个时代文明进步的重要体现。农村，既是中华民族的"根"，也是中华文明的"源"，而农村房屋建筑风貌，则是这些"根"和"源"的重要载体。当前，我们正处于习近平中国特色社会主义新时代，也是中华民族最接近伟大复兴的时代，乡村振兴战略和新农村建设正在广袤的农村大地上蓬勃展开。在广大农村将要再次发生巨变之际，我们有历史的责任回答好这样一个问题，即在推进新农村建设进程中，如何传承和弘扬好优秀的传统文化，并将当下这一伟大时代的鲜明印记（包括展现欣欣向荣的时代气息，先进的设计理念及工艺，环保及价廉的农房建材应用等）镌刻在新时代农村房屋建筑风貌之中。

    为此，我和全国政协委员调研组岳世鑫、陈显国、傅建国、黄少康等委员，于2019年11月向住房和城乡建设部王蒙徽部长报送了提议开展"创建新时代农村房屋建筑风貌"研究的调研报告，并于次年向全国政协会议作了提案（被大会与相关提案合并为重点提案）。王蒙徽部长对调研报告建议高度重视并亲作批示，指示住房和城乡建设部"研究在广东开展试点的意见"。倪虹副部长亲自主持课题研究会议并向广东省下达任务，村镇建设司迅速通过小城镇建设规划专项立项，广东省省委省政府高度重视开展典型地区乡村风貌塑造工作，省住房和城乡建设厅组建专家研究团队，确定李志同志带领广东工业大学团队承担该课题。

    住房和城乡建设部村镇建设司高度重视全国政协委员提案的办理工作，及时督促相关部门迅速完成开题手续，克服了突如其来的新冠疫情的严重影响，有序推进资料收集整理和现场调研等工作展开。在广东省住房和城乡建设厅的配合下，课题组如期在2020年完成了结题验收。该课题较好地反映了自党中央提出乡村振兴战略以来，在住房和城乡建设部王蒙徽部长倡导"共同缔造"理念指引下，广东省及各地城乡建设部门围绕乡村房屋风貌塑造所作的探索。作者等人结合广东典型的乡村地域和文化特点，总结了在风貌塑造中党建、规划、人才、文化和实施等工作经验，提出了具参考价值的机制创新思路和政策实施建议。

祝贺"广东省典型地区乡村风貌塑造案例研究（2020年）"课题顺利结题出版专著，期待李志同志带领团队为终结有新房子而没有新农村的历史，为不再出现只给后人留下一大堆没有任何历史、文化和经济价值的砖头和瓦片的遗憾，为在广东能见到更多具有各自特色的"乡愁"以及生态良好的美丽乡村做出更多的贡献！

林武

全国政协委员

中央人民政府驻香港联络办原副主任

2021年9月25日

目录

Contents

1

绪论

2

**广东省乡村风貌的
基本情况**

3

**广东省乡村风貌
塑造历程**

4

**广东省乡村风貌
塑造典型案例**

1

绪论

1.1 研究背景

2018年9月中共中央、国务院印发了《乡村振兴战略规划（2018—2022年）》，并发出通知要求各地区、各级别的部门结合当地的实际情况，认真贯彻落实。其中在第七章"统筹城乡发展空间"的第三节"推进城乡统一规划"中明确提出要"加强乡村风貌整体管控"[1]，乡村风貌的管控与塑造成为乡村振兴战略核心工作之一。我国乡村建设从新农村建设到实施乡村振兴战略以来，乡村建设经历了加速发展阶段，人居环境得到了长足的改善，乡村风貌提升已成为人民群众追求美好生活的更高层次需求。乡村快速发展建设也对既有风貌带来了冲击，乡村风貌存在着环境遭受破坏、地域特色缺失、建筑风格杂乱等问题。在40年的快速城镇化发展后，乡村也出现了空心化、老龄化、失能化，以及传统文化缺失、历史建筑衰败、乡村风貌失控等问题，我国要建设美丽乡村，落实乡村振兴战略，实现人民幸福生活，农村房屋建设和风貌塑造问题已迫在眉睫。

2019年11月，全国政协由林武担任组长，岳世鑫、陈显国、傅建国、黄少康等委员参加，开展了"创建新时代农村房屋建筑风貌"课题调研。调研组在广东省惠州市和河源市等地进行专题调研，形成"调研情况工作报告"送交住房和城乡建设部。调研组认为创建新时代农村房屋建筑风貌，是新农村经济建设和文化建设的共同需要，同时也是展示新时代文化印记的重要载体。报告还向住房和城乡建设部建议，从国家层面对创建新时代农村房屋建筑风貌工作加强顶层设计；以法律等手段遏制当前农村房屋建设的混乱无序状况；为村民提供科学专业及符合当地实际需要的房屋设计方案；大力推动在农村房屋建设中使用建筑新材料和新工艺；各级政府强化政策支持创建新时代农村房屋建筑风貌创建示范。全国政协调研组的建议得到住房和城乡建设部的高度重视，广东省住房和城乡建设厅也快速响应，提出开展广东省典型地区乡村风貌塑造的研究课题。

广东省省委、省政府为了推动粤东西北地区发展，鼓励地方政府率先进行了系列探索。2010年6月5日，广东省云浮市举办了"转变发展方式，建设人居环境"研讨会，会上通过了《美好环境与和谐社会共同缔造云浮共识》，率先提出了"美好环境与和谐社会共同缔造行动纲要"，主要内容包括：以"三规合一"为手段推进各类规划在空间上实现整合；以培育健康幸福生活方式为主题提供舒适的户外活动空间；以山水特色为优势营造具有亚热带风貌的宜居城市；以生态慢行绿道系统为载体推动健康产业的发展；以探索以人为本的发展方式为理念发展循环低碳经济；以营造和谐共享的社会氛围为目标均等配置优质的公共服务；以三网融合为平台推进公众参与提高公共服务水平[2]。希望激发贫困地区的主动性和创造性，为乡村振兴和脱贫攻坚提供了可复制、可推广的宝贵经验。

"美好环境与和谐社会共同缔造理念"是在"以村民为主体、以问题为导向"的基本原则指导下，激发村民主体意识，协调组织各方力量，让村民参与"决策共谋""发展共建""实施共管""效果共评""成果共享"。到了2019年

2月，住房和城乡建设部颁布了《关于在城乡人居环境建设和整治中开展美好环境与幸福生活共同缔造活动的指导意见》，系统地阐述了"共同缔造"活动的重大意义、指导思想、基本原则和工作目标[3]。广东省住房和城乡建设厅迅速结合当地实际，提出在农村地区实施乡村振兴战略和风貌塑造行动，结合正在推进的农村人居环境整治改造工作，从危房改造、改厨、改厕、改水、改圈以及美化村容村貌等小事做起，通过决策共谋、发展共建、实施共管、效果共评、成果共享等"共同缔造"措施，推进人居环境的建设和整治工作，由以往的政府为主转向多方参与，打造新时代的社会治理新格局。

在广东省住房和城乡建设厅的支持和推动下，各地对乡村风貌塑造的机制展开了积极探索，在清远市英德市开展"党建引领·万企帮万村"行动，在广州市从化区推进"城乡融合·规划一张图"模式，在韶关市翁源县尝试"统筹示范·三个一体化"实验，在汕头市澄海区注重"三师下乡·南粤育工匠"工作，在江门市开平市提出"遗产活化·文旅塑新风"模式，以及其他各具特点的乡村风貌塑造措施。2020年7月28日，广东省人民政府发布《关于全面推进农房管控和乡村风貌提升的指导意见》(以下简称《指导意见》)，《指导意见》提出：全省打造样板示范村庄、分类提升村庄风貌，推进存量农房微改造和新建农房风貌塑造[4]。广东省住房和城乡建设厅牵头制定乡村风貌提升及负面清单指引，推动各地政府因地制宜编制农房设计图集，制定培育和发挥乡村建筑工匠作用等工作，形成了一系列有样板意义的政策措施，成为本课题对乡村风貌塑造研究中的主要研究对象和实践基础。

1.2 国内外研究进展

乡村风貌，既包括由社会文化、风土习俗等人文环境要素组成的"风"，又包括以自然和人工物质要素组成的"貌"，"风"以"貌"为载体，"貌"以"风"为内涵，二者互为依托、因果转化、相辅相成。相较城市风貌而言，乡村风貌的自然生态特征和地域文化特性等更为显著，乡村具有人口体量较小、社会结构稳定、未受大规模的统一化建设冲击等特征。较之乡村景观，乡村风貌中除去自然环境和人工建筑等物质空间外，还包括传统文化、生活习惯、风土人情等非物质元素。

1.2.1 国外普遍关注具有多种属性乡村景观演变背后存在的驱动力

对于乡村风貌的研究，国外相对更为注重对乡村景观的社会属性和文化属性研究，以及人们在乡村景观中所表现出的行为和心理研究。其中，在乡村景观格局演变方面，Nelson通过分析美国西部乡村景观格局变化得出人口的跨区域流动是乡村景观变化的驱动力[5]；Isabella等人运用GIS信息处理手段对25年来诺曼底地区景观格局的变化进行分析，得出其主要驱动力为城镇发展带来的效用[6]。在乡村景观规划方面，韩国的新农村运动基于原有乡村景观进行乡村规划；日本利用原始耕地进行乡村景观规划。国外乡村由于土地权属的法律文化基础不同，专家们关注乡村风貌自然演变，着重乡村自治模式而非政府主导社会管理机制。

1.2.2 国内围绕乡村风貌定义形成机制和保护路径已展开多维研究

在乡村风貌的构成要素研究上，王敏等认为乡村风貌是由自然山水、聚落形态、建筑形式、人文传统等多个方面共同呈现的空间样态，它显现了乡村的形态特征，表达了乡村发展的历史、文化、经济、社会等属性[7]；李玉鸣提出乡村风貌包括自然风貌类、产业风貌类、人文风貌类[8]；徐呈程、徐建伟、高沂琛从自然生态、经济生产、聚落生活的"三生"系统视角对乡村风貌类型进行归类[9]。

在乡村风貌形成机制方面，张立、王丽娟、李仁熙基于国内外数百个乡村的调研和考察，对当下中国乡村风貌面临的危机进行梳理，总结出乡村风貌面临的四大困境，进一步归纳解析为七个成因，结合国外经验与中国国情，提出了十大应对策略[10]；刘敏经过实地调研皇都侗族文化村，认为传统村落风貌是由社会主体因素、内源性因素、外源性因素三大

因素共同促进的[11]；张静、沙洋以浙江舟山海岛乡村为例，分析传统乡村风貌特色机制发生的变化及其原因，进而寻找出新老机制之间的联系并归纳出当代新机制[12]。

在乡村风貌的保护上，文瀚梓对苏州乡村的实地调研后，提出了从村落空间肌理延续，传统建筑风貌保护，乡村民俗文化传承，村镇生态环境营造四方面风貌保护对策[13]；文剑钢等人在新型城镇化背景下，以"关注民生"为切入，提出"化城入乡""绿野分隔""多核聚居"等乡村风貌保护策略[14]。浙江大学王丽萍以磐安县乡村风貌营造技术导则为例，认为制定区域的具有前瞻性的乡村风貌营造乃当务之急，将村庄按照产业分为加工业、农业、旅游和综合型村庄分别进行研究，基于类型提出细致的风貌营造设计准则[15]。

按照广东省城乡规划设计研究院蔡穗虹的研究以及相关学者的研究，广东省乡村建设工作分为四个阶段：物质环境主导下的"可居"村庄整治阶段（1999—2008）、城乡统筹发展下的"康居"村镇示范阶段（2009—2013）、综合目标导向下的"宜居"城乡建设阶段（2014—2018）、空间规划指导下的"人居"风貌管控阶段（2018年至今）[16, 17]。其中，我们的课题研究重点在2014年—2018年阶段，针对乡村环境的人居环境整治工作，乡村振兴战略背景下风貌塑造行动的成效。

1.3 研究方案

（1）通过文献研究法收集现有法律法规、规范性文件、论文、书籍中关于乡村风貌内涵、塑造机制、保护建议等相关内容，对国家政策、广东省各部门配套政策进行梳理，归纳

主要模式并形成相关的研究基础。

（2）课题组通过踏勘、访谈、影像统计和问卷等实证调查法，现场调研广东省典型地区乡村风貌塑造的基本情况，研究乡村风貌依托的地域环境文化，分析风貌形成的社会要素，总结内在成因及其演变趋势。

（3）基于实证调查结果进行案例分析，通过个案研究法对典型案例的塑造机制进行提炼，总结广东省近几年开展的六大乡村风貌塑造行动，从政府、社会、资本、村民等四个角度对乡村风貌塑造工作进行解读。

（4）依据案例调查分析和专家咨询意见，对广东省乡村风貌塑造工作进行经验总结，并对未来工作提出了四大建议，分别是强化村民主体力量、强化农房建设管控、强化建筑风貌指引、强化产业融合带动。

1.4 研究意义

本课题为国家住房和城乡建设部小城镇建设规划事业费专项课题，通过对广东省近几年来典型地区乡村风貌塑造案例研究，调研了乡村景观建设管控要点，寻找典型地区风貌塑造机制，总结城乡风貌塑造广东模式，为广东省乃至全国的乡村风貌塑造策略制订，均具有一定的理论意义和现实意义。

1.4.1 理论意义

广东省经过多年努力，典型地区乡村风貌塑造已卓有成效，同时也形成了一系列具有推广价值的模式做法。目前学者们对乡村风貌研究以传统村落为主，关于地域特色文化和人文风俗相对较少，且研究对象大多以局部工程案例为研究对象，对广东地区系统化政策研究成果比较少见。鉴于乡村振兴和风貌塑造工作的紧迫性，亟须加强制度顶层设计相关的研究工作，认识危机、剖析成因、提出对策，形成可持续的风貌塑造机制并积极付诸实践，让广东地区乡村特色风貌更好地接续和传承，提炼出适合广东地区乡村风貌塑造的机制和模式。

1.4.2 现实意义

（1）补齐广东省乡村风貌管控"短板"

由于广东存在珠三角核心和东西北地区的发展不平衡，加上农村范围大、村庄数量多和乡村风貌历史欠账严重等原因，农村的环境现状与各级政府的要求及人民大众的期待仍有较大差距——珠三角地区城乡建设风貌存在着严重的管理滞后问题，而东、西北等欠发达地区的乡村特色风貌保护则有着多方面的不足，因此，为了更好地实现城乡一体化发展，最终全面建成小康社会的过程中必须补上这一短板。

（2）加快岭南特色社会主义新农村建设

中央赋予广东建设粤港澳大湾区和社会主义先行示范区使命，需要广东加快速度促进城乡融合发展和缩小城乡差别，同时加大力度保护乡村风貌和弘扬传统文化，乡村风貌提升能够营造良好的景观生态环境，践行"绿水青山就是金山银山"理论，保护岭南传统文化和增强民族自信心、凝聚力、归属感。

（3）满足农民日益增长的美好生活需求

党的"十九大"以后中国特色社会主义进入新时代，我国社会主要矛盾已经转化为人民日益增长的美好生活需要和不平衡不充分的发展之间的矛盾。乡村居民在实现乡村振兴和解决贫困问题之后，人民对乡村居住环境及风貌建设提出了更高的要求，加强农房建设管理和追求乡村风貌特色也是人民的生活目标。

图1-4-1 住房和城乡建设部倪虹副部长主持有关专家及广东省开展课题研究

图1-4-2 全国政协调研组和张学勤司长带队考察云浮市"共同缔造"行动

1.5 研究框架

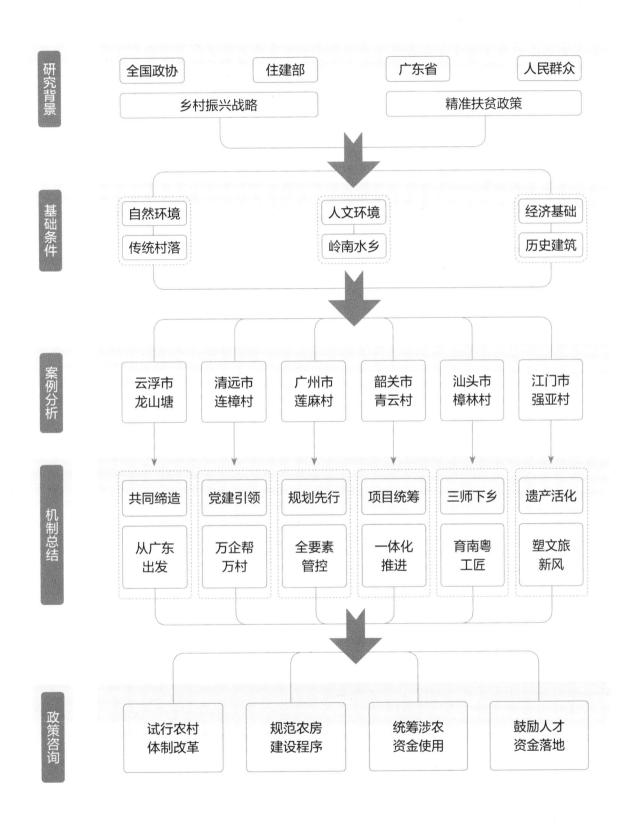

图1-5-1 研究框架（来源：课题组自绘）

广东省乡村风貌的
基本情况

2.1 广东省典型地区的基本情况

2.1.1 自然环境——地形地貌复杂，类型众多

广东省地处中国大陆最南部。东邻福建，北接江西、湖南，西连广西，南临南海，珠江口东西两侧分别与香港、澳门特别行政区接壤，西南部雷州半岛隔琼州海峡与海南省相望。受地壳运动、岩性、褶皱和断裂构造以及外力作用的综合影响，广东省地貌类型复杂多样山地、丘陵的面积约占全省面积的一半以上；而平原地区的面积占了21.7%，其中北部多为山地和高丘陵，台地以雷州至阳江一带和海丰至潮阳一带分布较多。地理上以珠江三角洲平原面积最大，韩江三角洲平原次之，此外还有高要、清远、杨村和惠阳等冲积平原，总体地势北高南低，全省陆地面积为17.98万平方公里，约占全国陆地面积的1.87%；其中岛屿面积1592.7平方公里，约占全省陆地面积的0.89%。全境位于北纬20°13′~25°31′和东经109°39′~117°19′之间，属于东亚季风性气候区，从北向南分别为中亚热带、南亚热带和热带气候，是我国光、热、水等资源最丰富的地区之一，同时台风和湿热的影响较为频繁，洪涝和干旱灾害也经常交错发生，春季的低温阴雨、秋季的寒露风霜和秋末春初的寒潮霜冻都具有广东地区的气候、环境特征。

2.1.2 人文环境——历史源远流长，丰富多样

北方汉族从秦代开始，在不同时期迁徙到广东各个地区，并与当地人民融合，逐渐形成了具有不同生活习俗、不同文化意识和不同性格特征的广府、潮汕和客家三大汉族民系。三大民系之间的主要区别在于其不同的方言，即广府民系所操的是以广州方音为标准音的广州语，潮汕民系所操的是以潮州方音为标准音的潮汕语，客家民系所操的是以梅县方音为标准音的客家语。这三大文化有机结合起来，组成了如今广东传统文化的主力军。除了三大汉族民系之外，广东省还有众多特色文化聚居区，其中最具典型代表的有以江门五邑为代表的侨乡文化、以闽南文化为源的雷州文化，以及特色较为浓厚的瑶族、畲族等少数民族文化。三大民系聚集区和三个特色文化亚区交错分布，结合各自历史文化渊源衍生出丰富多样的民俗生活，自然地理环境差异也造就了不同特色的乡村风貌。

2.1.3 经济基础——发展不平衡，贫富差异大

广东省经济总量连续31年位居全国第一，2019年全省实现地区生产总值107671.07亿元，人均地区生产总值94172元，其中：第一产业增加值4351.26亿元，第二产业增加值43546.43亿元，第三产业增加值59773.38亿

元，三次产业结构比重为4.0∶40.5∶55.5，全年新经济增加值27232.81亿元，民营经济增加值58838.36亿元，占地区生产总值的54.6%[18]。广东省经济体量庞大，但区域经济发展差异较大。从地区生产总值占全省分区比重看，珠三角核心区为80.7%，东翼、西翼、北部生态发展区分别为6.4%、7.1%、5.8%，其中深圳和广州的GDP总量早已突破20000亿元，形成国内最具发展潜力、最具改革动力和最具开放活力

的广州都市圈和深圳都市圈。而其余地区整体经济体量较小，2019年全省有10个城市的GDP未能突破3000亿元，云浮市更是只有921亿元还未能突破1000亿元，地域间贫富差距巨大。广东省经济发展从整体来看既不平衡也不充分，具体表现为区域发展不均衡、城乡发展不协调和居民收入差距悬殊，一般根据经济发展条件和水平差异，将广东省划分为珠三角和粤东、粤西、粤北四大经济区。

2.2 广东省乡村风貌的基本特征

2.2.1 传统村落形态——相形取胜，格局紧凑

（1）注重立村选址

广东传统村落选址之初都要请相关人士进行环境察看，择良辰吉日而开工建设。同时，通过对周围附近的山川、地形、植被等自然环境，通过观察比较后选用宜居之地，传统村庄选址一般会在河流、池塘附近以解决水源问题；如果在山区中建村则要选择在溪水、山涧周围。自然村落聚集大约20～50户村民家庭，村落之间距离较近便于邻里交流与农业耕作，在平原和水网地区的村落呈现簇群式分布特点，在山区和丘陵地带立村一般会依地势在田边沿坡建筑。

（2）布局形式多样

广东地区传统村落组成主体绝大多数是民居建筑，由于民系文化丰富乡村群落布局形式也复杂多样，大致分为四种形式：一是梳式布

局，广府地区农村中最典型的村落布局形式；二是密集式布局，在粤东潮汕地区和粤西雷州半岛较多；三是围龙式布局，粤北客家地区村落聚族而居的主要代表形式；四是散点式布局，在瑶族、壮族、畲族等少数民族聚集地区比较普遍，在江门五邑侨乡地区的碉楼布局也较多采用此种形式。

①梳式布局

广府地区村落地处平坦的珠江三角洲平原，临近出海口地区更是河道纵横水网密布，多数村落建筑临水而居，极富岭南水乡特色。建筑平面单元大多是小型合院式布局，村中建筑一般以宗族祠堂为主体决定整体朝向，几乎所有建筑像梳子一样布局整齐排列成行，每列建筑之间的小巷是村内主要交通道路，也是适应南方炎热地区带有通风功能的"冷巷"（图2-2-1）。

②密集式布局

密集式布局村落在粤东潮汕地区比较多

见，后来沿海向南迁徙到雷州半岛和海南等地。潮汕地区城乡居民有浓厚氏族观念多聚族而居，体现在村落建筑上就是以姓氏宗祠为中心的围寨格局，民居建筑形制有"下山虎""四点金""驷马拖车""百鸟朝凤"等单元，整个村寨建筑讲究风水、建筑密集、布局紧凑，依其宗族观念、防御功能、生活便利，体现了各自潮汕村寨独特的人居环境追求，所以村庄整体呈现比较零乱的密集式村落布局（图2-2-2）。

③围龙式布局

客家农村是以自给自足的小农经济为基础，多见于梅州、韶关、河源等客家山区。由于西晋至宋代期间各朝连年战乱，中原地区人民屡次向南方迁徙，途中颠沛流离并常为争夺资源而斗争，宗族关系使他们团结起来集中居住，迁徙造就了客家人独立封闭的围龙屋形式，这种聚居形式一般按姓氏宗族单元，布局以宗祠为中心具有很强的防御功能，整个村落的全部建筑像城堡一样连成坚固的整体，三五成群地建在地势较高的缓坡地或山脚处（图2-2-3）。

④散点式布局

散点式布局多见于少数民族地区和侨乡碉楼地区。瑶族、壮族、黎族、苗族等少数民族长期住在山区，他们还保留着狩猎等原始社会生活方式，居住地区一般山高林密、地广人稀、资源丰富，农房依山而建，追求便利，守护家园，村落还按着原始的组织来进行划分边界。五邑侨乡地区则因为海外华侨众多，较早接纳了西式的城堡文化和建筑材料，在自家庄园散点式建设具有防御功能碉楼，形成局部的多层建筑制高点便于保护家人和财产（图2-2-4）。

图2-2-1 广府地区的梳式布局

图2-2-2 潮汕地区的密集式布局

图2-2-3 客家地区的围龙式布局

图2-2-4 少数民族地区的散点式布局

2.2.2 岭南水乡特色——因地制宜，师法自然

珠江三角洲平原在经济、文化、社会等多种因素的共同作用下，形成了独具地域特征和亚热带气候特点的水乡聚落，以大片桑基鱼塘等农业区为外部开敞空间的岭南水乡，是广府民系建筑风格和岭南气候景观特征的典型类型。村落外部的广袤农田、植被树木、水口园林等，村庄内部的河涌水道、绿荫广场、民居建筑等，都是岭南水乡空间风貌的重要组成部分，纵横交错的水系和成群连片的基塘，是岭南水乡环境格局的两种基本形态。

华南理工大学陆琦教授认为岭南水乡建筑空间格局分为：块状水乡、线状水乡和网状水乡[19]。块状水乡是珠江三角洲最常见的一种布局，整体以排梳式布局为主，河涌一侧是建筑和基塘，河岸边多为稻田和果林，凉风经过水面吹送可以使村落降温；线状水乡建筑依河或夹河修建，布局沿水路运输线延伸，村庄沿河道展开，人们利用水资源发展相应产业；网状水乡主要分布在珠江出海口的水网地区，河涌交错把聚落分成若干部分，水乡可以向任何方向发展，保证居民得到最长的河道岸线与最近的交通出口（图2-2-5、图2-2-6）。

2.2.3 历史建筑风格——兼容并蓄，类型繁多

广东传统民居建筑都是以"间"作为基本单位，由"间"并联组合成为"屋"，"屋"围住天井组成"院"，传统民居的布局受到封建礼制、宗法观念和等级制度的影响[20]。民居建筑一般由厅、房、厨、花台、天井、围廊等基本功能组成，大中型居民利用天井、建筑、围廊进行组合，形成富有变化的平面和灵活多变的空间。广东传统民居建筑大体上可以分为广府、潮汕和客家三种主要建筑风格（图2-2-7~图2-2-9），

图2-2-5 岭南特色的农业基塘

图2-2-6 逐水而居的岭南水乡

图2-2-7 广府建筑

图2-2-8 客家建筑

图2-2-9 潮汕建筑

此外还有五邑侨乡、雷州半岛、民族地区三种特色建筑风貌。

广府建筑形制主要有：竹筒屋、明字屋、三间两廊等。竹筒屋即单开间民居，为农村单层普通居民所住；明字屋即双开间民居，由厅房厨和天井构成类似"明"字故得名；三间两廊即三开间建筑，是广府地区最主要的平面形式[21]。

潮汕建筑形制大体分：竹竿厝、下山虎、三厅串、四点金、五间过等。竹竿厝为厅房合一单开间式，通常前带小院后带天井厨房；下山虎的平面中间厅堂两旁为卧室，前带天井两侧为厨房和储物室；三厅串即门中后三厅连贯排列，后厅一般是供祀祖先的厅堂；四点金即四角带房的四合院式，在潮汕地区最为常见的基本型；五间过由四点金横向发展而成，宽五开间四周房屋围住天井。以上为潮汕建筑的基本型，基本型相互之间又可形成组合型，此外还有围寨与围楼等特殊形制[22]。

客家建筑形制主要有：围龙屋，在建筑上围龙屋共同特点是以子午线为轴，以屋前的池塘和正堂后的围龙组合成一个整体，大门前必有一块禾坪和一个半月形池塘，大门之内分为上、中、下三个大厅，左右横屋分为两厢或四厢，在左右横屋尽头筑起墙形房屋把正厅包围起来，正中一间为龙厅故名围龙屋，以大型围龙屋最多有六条围龙，适合几十户乃至上百户人同居一屋[23]。

广东建筑除了上述提及较常见的三种建筑形制之外，由于多元文化还产生了许多独具特色的建筑风格，例如以开平台山为代表的侨乡碉楼建筑、适合台风干旱地区的雷州传统民居、独具文化特色符号的民族村寨建筑等。

侨乡碉楼建筑是五邑地区具有华侨文化融合的民居典型样式，便于居高临下防御的多层建筑，墙体采用混凝土等厚实坚固而且设有射击孔，为了抵御侵入窗户较小且用铁栅封闭，造型分为柱廊式、平台式、退台式、悬挑式、城堡式、和混合式等，在立面造型和细部处理上较喜欢应用西方建筑手法（图2-2-10）。

雷州传统民居的基本结构是三面或四面房屋围成一个院落天井，屋顶多为硬山式，具有抗风防火性能，墙体比较厚实，一般采用夯土墙外包红砖，屋顶檐口起翘的装饰造型精美通透，雷州村落一般带有碉楼，承担起防御的功能[24]（图2-2-11）。

民族村寨建筑，广东少数民族主要有瑶族、壮族、苗族、畲族等，民族地区建筑主要分布在粤北山区，建筑布局多为依山而建的散点式布局，多用夯土泥砖青瓦石木竹等本地材料，因地制宜、因材施工（图2-2-12）。

图2-2-10 开平碉楼建筑

图2-2-11 雷州传统民居

图2-2-12 瑶族村寨建筑

广东省乡村风貌
塑造历程

3.1 广东省乡村风貌塑造工作概述

从1999年广东省制定《广东省村镇规划指引》开始，到现在二十多年的时间里，就村庄规划而言全省进行了多角度、多领域建设，结合温春阳等学者相关研究论文以及广东省政府等相关单位出台的政策文件，按照广东省省委、省政府2009年出台《关于建设宜居城乡的实施意见》，可以将村庄规划建设实践分为四个阶段：物质环境主导下"可居"村庄整治阶段（1999～2008年）、城乡统筹发展下"康居"村镇示范阶段（2009～2013年）、综合目标导向下"宜居"城乡建设阶段（2014～2018年）和空间规划指导下"人居"风貌管控阶段（2018年至今）[25]（表3-1-1）。

广东省村庄规划建设实践的四大阶段   表 3-1-1

阶段	时间	主要活动文件	具体风貌相关内容与目标
"可居"村庄整治阶段	1999～2008	广东省建设委员会制定《村镇规划指引》	开始对村庄建设规划做出探索并开展村庄规划试点探讨规划方法
		广东省开展活动"五改""三清""五有"	重点对乡村人居环境整改
"康居"村镇示范阶段	2009～2013	提出"万村百镇"整治、推进"宜居城乡"创建的活动	确定一批省级村庄规划试点开展村庄规划实施机制研究和探索
		广东省住房和城乡建设厅提出名镇名村示范村建设	开启特色村落的探索
		广东省开展村庄规划摸查专项工作，广州市建立村庄规划编制和信息化平台	强化四大整治：垃圾治理、生活污水治理、强化供水综合整治和村容村貌整治
"宜居"城乡建设阶段	2014～2018	广东省推进农村人居环境整治	进行农村危旧房改造
		提出整县推进村庄规划引导整县推进村庄建设	以县为单位整体推进村庄规划编制进入全域乡村规划建设阶段
		在国家乡村振兴战略指导下广东省推进农村人居环境整治，开展生态宜居美丽乡村建设	乡村环境整治、村庄美化绿化、生态环境优美
"人居"风貌管控阶段	2018年至今	广东省住房和城乡建设厅印发《广东省农村宅基地管理办法》	开始探索在三规合一和空间规划理论下关于乡村建设的新尝试
		广东省政府出台《广东省人民政府关于全面推进农房管控和乡村风貌提升的指导意见》	针对农房管控与风貌塑造提出具体安排与要求

［来源：根据自1999年以来广东省出台的系列文件及论文《新型城镇化背景下广东省村庄规划建设的实践与思考》（温春阳、翁毅．新型城镇化背景下广东省村庄规划建设的实践与思考[J]．城乡规划，2018(01)：33-39，58.）整理］

3.1.1 乡村风貌塑造基础

在实施国民经济与社会发展第十三个五年规划期间，广东省深入贯彻中央精神，统筹实施乡村振兴战略，强力推动精准扶贫政策，全省农业农村发展稳中有进，在农村建设方面目前取得了以下成绩：

（1）农业生产发展

全省建设国家和省级现代农业产业园129家，园区主导产业总产值达1300亿元，实现主要农业县农业产业园全覆盖，新增国家级"一村一品"示范村镇24个，扶持1000个村发展农业特色产业，发展现代种业提升科技进步贡献率[26]。加快农村第一、第二、第三产业融合发展，农产品加工业、农村电商、休闲农业等蓬勃发展，农村居民人均可支配收入达1.88万元，初步遴选建设20个示范县、120个示范镇、1260个示范村，投入161亿元实施"千村示范、万村整治"工程[27]。

（2）人居环境建设

加大基础设施建设投入改善农村环境，推出省级新农村54个示范片，其中98.5%完成村庄规划编制，93.9%完成卫生改厕，68.9%实行雨污分流，93.6%完成村村通自来水，90%完成村道硬化[28]，持续推进"厕所革命"提高无害化厕所普及率。加大"万企帮万村"力度，推进"四好农村路"建设，完成省定相对贫困村村道路面硬化3580公里，农村砂土路3000公里和外路1500公里改造，全省农村公路等级公路比率达到98%，鼓励各类人才返乡下乡创业取得新成效[29]。

广东省依据中央关于乡村振兴战略实施的部署要求，结合生态宜居美丽乡村建设要求，将农村人居环境整治作为推行和乡村振兴战略的第一项重要任务部署推进，到2020年全面完成农村人居环境综合政治任务工作，为此广东省政府出台了一系列相关政策并逐一落实。

在广东省分管副省长许瑞生倡导推动下，

农村人居环境整治建设生态宜居美丽乡村工作政策措施　　　　　　表3-1-2

年份	政策	政策重点内容
2014	关于推进省级新农村连片示范建设工程实施方案	重点治理村庄垃圾堆放、污水流淌和畜禽集中圈养问题，全面清理街巷两旁杂物，村头村尾和房前屋后道路硬化、植树绿化、环境美化，改善村庄生活生态环境
2017	关于2277个省定贫困村创建社会主义新农村示范村的实施方案	全面整治村庄环境脏乱差，补齐基础设施建设短板，提高基本公共服务和乡风文明水平，从整治提升村容村貌、推进村道硬化、生活垃圾处理全覆盖、生活污水处理全覆盖、集中供水全覆盖、提升农民住房水平等八个方面
2018	关于推进乡村振兴战略的实施意见	全域推进农村人居环境整治，建设生态宜居美丽乡村，重点推进"厕所革命"、垃圾污水处理、雨污分流和无害化卫生户厕建设，推进渔港、乡村小流域、河塘清淤整治，推进乡村绿化美化，建立健全长效保洁管护机制
	关于全域推进农村人居环境整治建设生态宜居美丽乡村的实施方案	开展人居环境整治，推进生活垃圾和生活污水处理，加快村道和村内道路硬化，推进村庄集中供水和农村厕所改造，整治改造农民住房，提升村庄基本公共服务和绿化美化建设水平，走有广东特色农村人居环境建设之路

年份	政策	政策重点内容
2019	关于实施"千村示范、万村整治"工程的行动方案	以示范创建为引领,以点带面、连线成片、创建特色,扎实推进生态宜居美丽乡村示范创建,连线成片建设岭南特色乡村风貌示范带,提升省级新农村示范片和省定贫困村创建水平,全省、全域推进乡村风貌环境整治工程
	关于对标三年取得重大进展硬任务扎实推动乡村振兴的实施方案	全面启动示范村的示范创建,重点推进沿交通线、沿边界线、沿旅游景区、沿城市郊区的环境综合整治。2019年示范村率先达到干净整治村标准;2020年全省所有村基本建成美丽宜居村,打造一批风貌特色精品村和示范村

（来源：根据政策文件《关于推进省级新农村连片示范建设工程实施方案》《关于2277个省定贫困村创建社会主义新农村示范村的实施方案》《关于推进乡村振兴战略的实施意见》《关于全域推进农村人居环境整治建设生态宜居美丽乡村的实施方案》《关于实施"千村示范、万村整治"工程的行动方案》《关于对标三年取得重大进展硬任务扎实推动乡村振兴的实施方案》整理）

广东各地充分利用乡村自然、历史、文化等资源,抓住乡村振兴战略实施机会促使乡村建设风貌得到较大提升,通过举办南粤古驿道等定向大赛将乡村风貌塑造和管控工作融入乡村文化、乡村旅游、乡村体育事业中,全省上下各级政府部门进行了一系列的政策探索和管理实践（表3-1-2）。

3.1.2 规章制度建设情况

2018年4月,广东省住房和城乡建设厅印发《广东省农村住房建设管理办法》[30];2020年8月,广东省人民政府针对乡村风貌塑造继续出台《广东省人民政府关于全面推进农房管控和乡村风貌提升的指导意见》。在农村建房管控方面提出了四项关键措施:规划设计管控、宅基地管理、全过程监管、盘活土地资源,具体实施方法如表3-1-3所示。

在乡村风貌塑造方面广东省也提出了四个具体办法:打造样板示范村庄、分类提升村庄风貌、推进存量农房改造、连片建设美丽乡村,乡村风貌的建设充分呈现出岭南特色乡村风貌和新时代广东乡村特点,具体实施方法如表3-1-4所示。

广东省关于农房建设管控的指导意见　　　　　　　　　　　表3-1-3

措施	具体实施方法
强化规划设计管控	坚持先规划后建设,因地制宜的编制"多规合一"、简约实用的村庄规划,合理布局农村生产、生活和生态用地,形成相对集中、集约高效的村庄用地建设布局
严格落实宅基地管理规定	严格执行农村村民一户只能拥有一处宅基地的法律规定。在城镇建设用地规模范围内,可以通过建设农民公寓、农民住宅小区等方式,满足农民居住需要
加强农村建房全过程监管	乡镇人民政府要推行村庄规划、申请条件、审批程序、审批结果、投诉举报方式"五公开"制度,落实审查到场、批准后丈量批放到场、住宅建成后核查到场的"三到场"要求
盘活农村土地资源	深化宅基地制度改革,在尊重村民意愿和维护村民合法权益的前提下,依法通过有偿转让、有偿调剂、有偿回收等方式,引导村民有序规范地退出宅基地

（来源：根据《关于全面推进农房管控和乡村风貌提升的指导意见》整理）

措施	具体实施方法
打造样板示范村庄	珠江三角洲水乡核心区、美丽乡村示范区创建区、省级新农村建设示范片等地，率先打造一批风貌突出和环境整洁的各类示范村庄，形成可复制、可推广的经验，树立全省乡村风貌提升的样板
分类提升村庄风貌	分类制定村庄风貌提升策略：一是整治提升类村庄，二是保护修护类村庄，三是地域特色类村庄，分别制定工作指引和验收标准
推进存量农房改造	对结构完整、质量良好、合法合规的存量农房保持现状整治环境；对严重危及安全且无纪念价值的危旧农房清拆整治、拆旧复绿；对具有历史价值、地方特色、使用功能的既有农房加固修缮活化利用
连片建设美丽乡村	以各类特色村、示范片和创建区为主要节点，沿主要交通道路和景观廊道辐射带动，开展绿化美化、提升特色景观、打造空间节点、丰富村容村貌，引导形成兼具生产性和观赏性的特色农业景观带

（来源：根据《关于全面推进农房管控和乡村风貌提升的指导意见》整理）

广东各地配合省委、省政府要求因地制宜地出台了配套政策，以"共同缔造"理念的发源地云浮市为例，2019年云浮市住房和城乡建设局印发《关于加强云浮市农村住房规划建设管理的意见》，对农房建设风貌管理提出了"五重五建"的十条意见。"五重"包括：注重村庄整体观感、注重彰显风貌特色、注重留存乡土味道、注重生态环境建设、注重完善基础设施；"五建"包括：建立村庄建房审批机制、建立工匠承建机制、建立刚性约束机制、建立以奖代补机制、建立共同缔造管理机制。随后根据《关于加强云浮市农村住房规划建设管理的意见》，市县政府部门先后出台了《新兴县农村住房建设管理奖励办法》《云浮市农村农房风貌管控指引》《新兴县农村住房建设管理试点工作实施方案》等文件。在"五重五建"十条意见的指导下，新兴县良洞村形成了一套历史建筑风貌保护修复机制：一是乡贤评定，由村委会及乡贤牵头确定具有保护价值传统民居建筑；二是产权归拢，要求无该村民户籍的传统建筑所有者将其托管于村委；三是集体出资，村委会每年从集体收入出资进行传统建筑维修工作，该村约50栋可以反映该村悠久的历史文化且保存完整的传统建筑得到及时保护修缮。（图3-1-1、图3-1-2）

图3-1-1 课题组在村委会座谈

图3-1-2 课题组到良洞村调研

3.1.3 配套技术规范文件

由于广东各地改革开放较早，城乡建设较快，接受港澳等地区规划建设理念比较多，也因为广东省各地农房建设量大、面广人多，早期农房建设未得到有效管理而导致风貌失控，尤其珠江三角洲地区乡村圩镇建筑风格杂乱无序。广东省住房和城乡建设厅持续开展乡村风貌开展研究，引导各地技术力量投入乡村振兴工作，近年来陆续取得了一些技术性成果，包括：《岭南新民居——广东省社会主义新农村住宅设计图集》（2010）；《广东省乡村绿化美化工程建设规划》（2013）；《广东省村容村貌整治提升工作指引》（2018）；《岭南新风貌·广东省农房设计方案图集》（2018）；《广东省农村公厕建设指引》（2018）；《广东省美丽宜居乡村标识系统导则》（2018）；《广东省岭南乡村民居建筑元素推广手册》（2018）等。

指引内容以行政村环境整治为主同时兼有部分风貌提升内容，其他指引和规划分别针对乡村风貌中的农房、标识或厕所等乡村风貌相关元素的设计和建设进行了具体引导。这些指引为当时乡村技术人才短缺、农房建造质量低下、建筑材料技术落后，提供了一些操作标准和简易指南，为乡村地区建设管理提供了较好

基础。例如长期困扰农村地区的污水和厕所问题，科学引导农民选取不同产业类型与发展阶段的污水、废水处理技术，推进农业污水处理设施和农村厕所改造的标准建设。当然，这些指引仍然过于简单直接，缺乏地域特色，还不能对各地乡村风貌塑造提供直接指导，因而广东省在多轮乡村振兴行动中，将文化传承和风貌塑造作为重点任务，引进专门人才进行风貌保护引导。

云浮市等地方会参照标准指引结合当地特点进行深化，根据珠江三角洲和粤东西北地区的不同产业类型、生产生活方式和地形地貌特征，按照任务制定发展行动计划与规划设计方案，逐步改善村落环境、农业特色和自然景观，提升乡村对企业、资本、游客及返乡居民的吸引力，促进乡村产业发展和农民收入水平提高，指引农村建设重点加强农房风貌管控，先规划后建设、先设计后施工，以好懂好用的村庄规划设计引导村民合法建房，严格推行一户一宅、建新拆旧、风貌管控等制度，制定符合农村建设实际的标准图集、技术导则和负面清单，适当奖励鼓励按照标准图集进行房屋改造，支持农户结合村庄发展开办民宿观光旅游等项目，推广适应各地气候、自然环境与文化特征的新材料、新技术。

3.2 广东省乡村风貌塑造工作实施重要行动

（1）王蒙徽倡导"美好环境与和谐社会共同缔造"行动

2010年2月，时任广东省云浮市市委书记的王蒙徽在清华大学首次提出"美好环境与和谐社

会共同缔造"的倡议，王蒙徽认为，共同建设美好环境与和谐社会既是发展人居环境科学研究需要，也是建设宜居城乡、促进发展方式转变、实现社会科学发展，让发展成果惠及人民群

众的现实需要[31]。3月20日,云浮市市委、市政府印发了《美好环境与和谐社会共同缔造行动纲要》,具体提出"让发展惠及群众、让生态促进经济、让服务覆盖全乡、让参与铸就和谐"的原则,以"建设健康、生态、幸福的宜居城乡"为目标,统筹推进经济、政治、文化、社会和生态文明建设。云浮在新农村建设中开展试点,针对基础设施落后、服务设施缺乏,基层组织失管等农村社区问题,强调民众共同参与缔造,总结出"共谋、共建、共管、共享"四大措施。

王蒙徽在该市宜居城市建设现场办公会上发言,进一步解释其内涵包括:根据云浮面临的机遇条件,坚持以科学和谐发展为根本,以宜居城乡建设为载体,以人民城市人民建人民管的模式,统筹经济建设、政治建设、文化建设、社会建设和生态文明建设,实现五者的相互统一和相互促进,把云浮内在的生态资本、资源资本与外部的物质资本人力资本结合起来,实现云浮科学发展跨越发展,来提高城市的综合竞争力。云浮市市委、市政府把贯彻"美好环境与和谐社会共同缔造"理念作为该市当年的重点工作,提出"政府引导,群众主体,共建共享",推进美好环境与和谐社会共同缔造,营造和谐社会是目的,建设美好环境是手段。要求坚持科学发展的执政理念,探索以人为本的发展方式,通过"美好环境与和谐社会共同缔造"行动,将云浮建成"健康、生态、幸福的宜居城市"。

吴良镛把"美好环境与和谐社会共同缔造"行动概括为云浮人居环境科学实验,框架包括人居环境愿景、县域主体功能扩展、完整社区建设指引、美好环境与和谐社会共同缔造行动纲要四个部分——积极探索理想人居环境模式,实施美好环境与和谐社会共同缔造行动,实现人与自然和谐共生,城乡经济社会协调发展,建设人民幸福美好家园,实现人与社会共同发展[32]。"云浮实验"在人居环境改善、经济发展加速、社会和谐稳定、党群干群关系融洽等方面取得显著成效,受到专家学者高度评价及多方肯定。2019年2月,住房和城乡建设部发布《关于在城乡人居环境建设和整治中开展美好环境与幸福生活共同缔造活动的指导意见》[33],充分肯定了"共同缔造"活动在广东的突出成果,全省从人民群众身边的小事入手,聚焦于社区周围、房前屋后的人居环境,以城乡社区为基本单元,通过"共谋、共建、共管、共评、共享"机制,逐步改善周边环境(表3-2-1)。

美好环境与幸福生活共同缔造行动要求 　　　　　　　　　　　　　　　　　表3-2-1

理念	具体要求和行动措施
决策共谋	用多种方式了解居民需求,特别是利用现代信息技术,运用座谈走访、入户调研、志愿活动等方式,搭建起社区居民沟通平台,政府与居民共同确定社区需解决的人居环境突出问题,共同研究解决方案
发展共建	激发居民的主人翁意识,主动参与到老旧小区改造、生活垃圾分类、配套基础设施和公共服务设施建设,组织协调各方力量共同参与人居环境建设和整治工作,大力推动规划师、建筑师、工程师进社区
过程共管	鼓励居民通过社区居委会及其他自治型组织,商议拟定居民公约并监督执行,建立健全的社区绿地保养、公共空间管理、公共设施维护等志愿积分机制,激励个人和组织参与人居环境的维护管理工作

理念	具体要求和行动措施
效果共评	建立健全相关项目开展情况评价的标准与机制,组织居民进行评价与反馈,通过对先进组织个人奖励等方式推动活动纵深发展
成果共享	通过上述与群众共谋、共建、共管、共评的途径,形成和睦的邻里关系与融洽的社会氛围,让居民更有获得感、幸福感和安全感

（来源：根据《关于在城乡人居环境建设和整治中开展美好环境与幸福生活共同缔造活动的指导意见》整理）

（2）许瑞生发起"三师下乡"志愿者乡村服务行动

2014年广东省率先于开展"三师下乡"探索,组织一批资深规划师、建筑师、工程师进行下乡,开始了专业志愿者投身服务乡村建设样板。三师下乡活动主要内容是指包括：规划师、建筑师、工程师等专业志愿者下乡服务,通过下乡接地气的方式,从保护传统村落、规划建设美丽乡村、传承传统文化等角度开展专业志愿服务,以专业的视角对乡村科学规划与建设提出相应的意见[34]。2014年9月,在广东省副省长许瑞生亲自策划和参与下,第一批"三师志愿者下乡服务"活动在中山市古鹤村展开,其后志愿者们又参与到南粤古驿道保护利用、华南教育历史研学基地规划建设等重要工作中,开创并常态化推进"大师小筑""南粤古驿道文创大赛""美丽宜居乡村行动"等专业服务品牌建设。

2019年8月,《广东省住房和城乡建设厅印发关于推进全省设计下乡工作的通知》（表3-2-2）,提出试点建立县、镇、村三级下乡服务体系,组织动员各方技术力量开展设计下乡;"三师下乡"专业志愿服务团队深耕乡村,传播和引领设计的新理念、高水平、好方法;鼓励职业院校和高等院校师生利用寒暑假开展专业下乡活动,发动专业设计师、艺术家及热衷参与乡

村建设人士加入活动团队;支持有条件的地区建立设计下乡服务基地,提升完善韶关市翁源县、梅州市蕉岭县、江门市开平市等省级乡村建设培训基地,培养了解乡村、热爱乡村、服务乡村的设计人员。

2019年12月,广东省"三师"专业志愿者委员会在广州市成立,注册专业志愿者已由最开始的30多人扩充到近1000人,并吸引了艺术家、教师、医生、律师等其他专业人才加入。2018年中央一号文件《中共中央 国务院关于实施乡村振兴战略的意见》提出："鼓励社会各界投身乡村建设,建立有效激励机制,以乡情乡愁为纽带,吸引支持企业家、党政干部、专家学者、医生教师、规划师、建筑师、律师、技能人才等,通过下乡担任志愿者、投资兴业、包村包项目、行医办学、捐资捐物、法律服务等方式服务乡村振兴事业"[35]。三师下乡行动其后受到全国广泛关注,成为专业志愿者参与乡村振兴行动示范。

（3）农村人居环境综合整治建设美丽乡村三年行动

广东省于2016年8月出台《关于加快农村人居环境综合整治建设美丽乡村三年行动计划》（以下简称《行动计划》）,《行动计划》提出："围绕全省2018年率先全面建成小康社会总体目标,以整治农村垃圾、水体禽畜污

基本内涵	服务内容	重点推进村庄设计、农房设计和建造、乡村工匠培训内容
	服务领域	引导规划、建筑、景观、市政、艺术设计、文化策划、旅游管理等相关行业开展设计下乡服务
	服务对象	主要服务粤东西北地区建设活动较多、人居环境整治任务较重、景观风貌保护要求较高的村庄
	服务方式	推行志愿服务和有偿服务相结合的方式，具体形式不局限于现场咨询、远程服务和统一培训等
试点建立县、镇、村三级下乡服务体系	逐步推进	选取翁源县、塘口镇、大湖镇、连樟村为省级设计下乡试点地区，形成下乡组织模式和支持措施
	探索建立常态化工作机制	研究驻镇村设计师制度，探索符合农村实际和提高农村建设质量的办法，建立行业下乡服务制度
组织动员各方技术力量开展设计下乡	组织技术服务队伍	支持各县镇村与规划、建筑相关专家、高校师生及专业人员"结对子"，进行"三师下乡"活动
	建立完善服务基地	培养了解、热爱、服务乡村设计人员，完善组织形式与资金保障，推动高层次人才关注乡村建设
	发挥乡村工匠本土人才作用	落实本省乡村工匠培训和人才评价的试行办法，培育既掌握建造技术又熟悉乡村建设的本土人才
支持服务措施	组织实施	广东省住房和城乡建设厅统筹指导全省设计下乡工作，市县住房和城乡建设部门建立完善工作机制，做好信息台账，建立合作对口机制，镇乡村两委做好与设计下乡工作人员的对接工作
	协调支持	在高校建筑相关专业的教学中设置设计下乡的实践教学内容，在行业竞赛中设置乡村建设项目

（来源：根据《广东省住房和城乡建设厅印发关于推进全省设计下乡工作的通知》整理）

染、乱搭乱建为突破口，整县整市全域推进村庄人居环境综合整治，经过三年努力促使农村人居环境和村容村貌实现根本改观[36]。该计划鼓励企业积极投资参与村内经营性项目建设，鼓励社会资本积极参与农村文化建设，鼓励社会资本投身扶贫事业中，以城带乡，健全农村长效发展机制。在该行动计划引导下，到2018年全省已完成80%的自然村综合整治任务，全省乡村在公共卫生、基础设施、生态文明等方面建设有了明显进展（表3-2-3）。

2018年2月，中共中央、国务院办公厅印发《农村人居环境整治三年行动方案》（以下简称《行动方案》），方案要求"全国各地以建设美丽宜居村庄为导向，以农村垃圾、污水治理和村容村貌提升为主攻方向，统筹城乡发展、动员各方力量、整合各种资源、强化各项举措，加快补齐农村人居环境突出短板；到2020年实现农村人居环境明显改善，村庄环境基本干净、整洁、有序，村民环境与健康意识普遍增强"[37]。广东农村人居环境综合整治行动得到中央肯定，实施乡村振兴战略、改善农村人居环境、建设美丽宜居乡村，为全面建成城乡融合小康社会打下坚实基础。

措施	具体任务
强化农村管理	科学合理安排村庄道路、供水、供电、信息网络等基础设施和学校、卫生站、文体活动室等公共服务设施
全面推进农村生活垃圾整治	统筹考虑农村生活垃圾和农业生产废弃物利用处理，因地制宜合理规划建设垃圾收集、分类、收运等设施
全面推进农村生活污水和村庄禽畜污染整治	加大农村生活污水治理力度，合理选择改厕模式推进厕所革命，推进生活污水连片治理建设污水处理设施
加强土地整治提升村容村貌	严格实施国土空间总体规划，提倡高效集约利用土地资源
推进村庄绿化美化改善生态条件	推进乡村绿化美化工程，以村内道路、公共场所、服务设施和庭前屋后为重心，整体推进村庄绿化美化建设
大力实施农村基础设施建设	推进农村道路硬底化建设，完善农村文化、体育、娱乐、卫生等公共设施，实现农村社会基本服务均等化
大力发展特色旅游生态产业和传承农村民俗文化	结合农村环境整治建设，及名镇名村、广东省古村落、历史人文资源和民俗文化特色等发展文化旅游经济

（来源：根据《关于加快农村人居环境综合整治建设美丽乡村三年行动计划》整理）

（4）绿道、碧道、南粤古驿道线性空间营造行动

绿道，作为一种绿色开敞的线性空间，连接着绿色生态斑块与高密度居住区，通常情况下沿着自然廊道如山脊、河涌、溪谷、风景道等和人工廊道修建[38]，内设可供步行者和骑行者专用景观游憩线路。为了应对城市无序蔓延和促进大都市圈郊区发展，广东省住房和城乡建设厅提出城市绿环等规划指引，将慢行系统引入斑块绿地以增加活动功能，开始谋划区域绿道规划并积极推进绿道建设。2009年7月20日，广东省省委、省政府颁布《关于建设宜居城乡的实施意见》提出[39]，在珠三角地区建设6条总长约1690公里的省级绿道，构成广东省绿道网的主体框架和绿道主线，然后引导珠三角绿道网向粤东西北地区延伸。

碧道是以河流湖泊水库海岸带等为载体，统筹山水林田湖草各种生态要素，通过共建共治共管系统思维优化三生空间格局，兼顾生态、景观、安全、文化、休闲等复合性功能。

2020年9月10日，广东省政府发布《广东万里碧道总体规划（2020—2035年）》。广东拥有丰富的水系资源且城镇大多依水而建，长期以来对水系的不当利用带来了较大环境问题，万里碧道计划作为一种基于自然的解决方案，结合了生态廊道建设、产业升级需要和公众休闲需求，最终形成安全泄洪通道、浅水碧水的绿色湿地长廊以及健康怀旧地共享文化休闲慢行之路，在万里碧路上建设一批美丽的乡村典范。

古驿道是由古代中央政府投资并按统一标准修建的公路系统，主要用于中央政府与地方之间的官员往来、公文传递、物资运输和军队调动等交通要道，其中较著名的古驿道包括：丝绸之路、西京古道、梅关古道等。广东省古驿道还有强化中央政府管制边疆地区的作用，因而古驿道历史遗存和文化资源极为丰富。随着广东绿道和万里碧道的建设延伸升级，联系着绿道和碧道的活动功能更加受到重视，因而广东提出了南粤古驿道的保护、修复和利用。古驿道丰富了广东线性文化空间建设内涵，成

为集合乡村振兴、美丽中国、生态文明等多项目标工具。为了规范各地开展南粤古驿道保护利用工作过程，广东省住房和城乡建设厅等部门在2017年11月联合编制了《广东省南粤古驿道线路保护与利用总体规划》（表3-2-4）。

地方政府以绿道、碧道、古驿道的线性网络为重点，促进沿线乡村地区的产业发展、交通提升、配套设施完善、风貌塑造。云浮市郁南县就通过整合"名果+名村+名镇""绿色+红色+古色""绿道+碧道+古驿道"等资源，把北片"绿色生态休闲游"和南片"南江文化风情游"串点成线、连线成环、结环成面，规划乡村旅游环县精品线路示范，抓住当前粤港澳大湾区建设机遇，紧扣粤北生态建设发展高地建设，全力打造西江特色生态经济走廊[40]。

（5）党建引领"万企帮万村""千村示范、万村整治"工程

党的"十八大"以后，中央提出"全面建成小康社会最艰巨最繁重任务在农村"。2015年11月，中共中央、国务院发布《关于打赢脱贫攻坚战的决定》，其中第24条要求"健全社会力量参与机制：工商联系统组织民营企业开展'万企帮万村'精准扶贫行动"，"鼓励和支持民营企业、社会组织和个人参与扶贫，实现社会救助与精准扶贫的有效衔接"[41]。2016年1月，国务院扶贫办、中华全国工商业联合会、中华光荣协会正式启动"万家企业扶万家村"行动。整个行动主要的帮扶方是民营企业，帮扶对象是建档立卡的贫困村户，以签约结对和村企共建为主要形式，具体开展产业帮扶、就业帮扶、公益帮扶三大帮扶方式，加快贫困村脱贫进程，为全面建成小康社会发挥民营企业力量。

广东省省委、省政府在2018年的6月举办了扶贫济困日暨乡村振兴"万企帮万村"活动，省委书记李希指出，广东省整体城乡发展不平衡，农村发展滞后，完成全省脱贫任务需要广大企业和社会各界的努力，号召有实力、有能力的企业助力精准扶贫和乡村振兴事业，积极参与"万企帮万村"行动。同年11月，广东省召开全省民营企业家"万企帮万村"工作推进会，省委农办和省宣传部等六部门联合发

	广东省南粤古驿道线路保护与利用总体规划	表3-2-4
目标	展现岭南历史文化和地域风貌的华夏文明传承之路；推动广东户外体育和乡村旅游的健康之路；促进城乡经济互动发展合实现精准扶贫的经济之路	
布局规划	六条古道：粤北秦汉古驿道线路、北江至珠江口古驿道线路、东江韩江古驿道线路、西江古驿道线路、潮惠古驿道线路、肇雷古驿道线路等主干线	
	线路布局：六条南粤古驿道线路包含14条主线，56条支线，贯穿全省21个地级市、103个区县，串联1200个人文及自然节点，全长约11230公里	
行动计划	短期行动：试点先行典型示范。至2017年，选择有代表性古驿道进行建设，包括西京古道、北江古道、梅关古道、珠玑古巷等19处，长度364公里	
	中期行动：勾勒雏形成线连片。至2020年，选取23条重点古驿道及18个重点发展区域，构建重点线路和重点发展区域的骨架雏形，长度4900公里	
	远期行动：全面建设构建系统。至2025年，全省古驿道网全部建成投入使用，全省建成14条古驿道主线、56条古驿道支线，古驿道长度11230公里	

（来源：根据《广东省南粤古驿道线路保护与利用总体规划》整理）

出倡议书，号召全省企业以农村产业发展、村庄建设、脱贫攻坚为重点活动，参与"万企帮万村"行动，围绕农村产业发展、村庄建设、脱贫攻坚三大重点，通过企业捐赠、村企结对或互帮互助形式，加速脱贫攻坚行动和加快农村发展步伐，参与倡议六部门设立南方+APP网络平台，可以直接获取其村庄名单及企业帮扶进展情况。

2019年4月，广东省乡村振兴"万企帮万村"行动信息平台正式上线，信息平台实现了广东省全域覆盖，全省行政村、自然村和企业家只要有帮扶需求意愿，都可以在平台发布有关需求信息资料。截至2020年年底，平台已向社会发布村庄名录13170个，发动10630个帮扶企业注册使用该平台，成功对接帮扶村庄8805个，顺利启动帮扶项目5655个，引导投入帮扶资金134亿余元[42]，脱贫攻坚在党组织的有序引领下加速完成。帮扶企业帮助村庄经济发展脱贫任务，同时也带去了先进建设理念和专业技术人才，出资帮助改造农村危房和环境卫生设施，引导农民

美化村容村貌和人居环境，帮助农民订立村规民约等建设管控机制，发动农民保护地域文化特色和开展乡村风貌塑造。

2019年3月，广东省省委、省政府颁布《关于对标三年取得重大进展硬任务扎实推动乡村振兴的实施方案》，随后5月份又印发《广东省关于推进"千村示范、万村整治"工程的行动方案》（表3-2-5）。以推进生态宜居美丽乡村示范创建为主要任务，到2019年年底完成农村人居环境整治和乡村风貌示范带规划，到2020年年底基本建成广东乡村风貌示范带。以"三清一改"村庄清洁专项行动为重点开展部署，扎实推进生态宜居美丽乡村示范创建，建设成片岭南特色乡村风貌示范带，提升省级新农村示范片和省定贫困村创建水平。按照农业农村部人居环境整治工作思路，行动"以万村整治为基础以示范创建为引领，滚动发展打造1000个以上示范村引领带动，用10年时间全面整治提升全省1.97万个行政村人居环境，努力再现岭南山清水秀、天蓝地绿、村美人和的美丽画卷"[43]。

广东省推进"千村示范、万村整治"工程　　　　表3-2-5

时间	阶段目标	主要任务
第一阶段 2019–2022年	以万村整治带动农村人居环境：一是扎实推进"个十百千"生态宜居美丽乡村示范创建，二是连线成片建设岭南特色乡村风貌示范带	重点部署开展以"三清、三拆、三整治"提升全省1.97万个行政村庄清洁专项行动
		示范引领带动滚动发展，重点打造20个示范县、120个示范镇、1260个示范
		建设100条乡村风貌精品示范带，文化旅游特色200个景区村和400个景区镇
		推进沿交通线、沿边界线、沿旅游景区、沿城市郊区等"四沿"环境综合整治
第二阶段 2023–2025年	以千村示范创建引领有广东特色农村人居环境风貌建设之路	形成多片特色明显"粤派民居"建筑群落乡村风貌，初步实现"一户一景、一村一画、一线一风光、一县一特色"大美风景区格局，建成一批具有AAA级景区水平的县城、镇区和村庄

（来源：根据《广东省关于深入推进"千村示范、万村整治"工程的行动方案》整理）

（6）世界遗产、历史文化街区、名镇名村保护利用工作

历史文化遗产和传统村落生活都是人类社会不可再生资源，世界文化遗产、历史文化名城、名镇、名村、历史文化街区，通过丰富的建筑造型、空间布局、景观风貌、植物配置等体现历史文化价值。我国已建立依托文物古迹和历史地段为重点，结合城市总体规划历史文化遗产保护体系，分级、分类、分层对文化遗产进行保护规划。广东地区过去几十年高速进行的城镇化、工业化、现代化发展，使得许多传统村落肌理被破坏，历史建筑风貌受影响。广东乡村地区由于地理位置、民俗观念及相关政策等因素，更需要对历史文化名城名镇名村和历史文化街区加以保护，避免出现因为大拆大建对历史文化遗产造成的不可挽回的损失。

秦汉以来，石灰岩、红砂岩与花岗岩等分布区遗留很多摩崖石刻，海上丝绸之路给广东沿海地区留下了许多相关遗迹；唐宋以后，广东逐步形成广府、潮汕、客家三大民系，各种寺庙、祠堂、民居、构建、材料等具有鲜明的时代特色；清末开始，受西方建筑的影响，许多建筑呈现出中西合璧的特征，同时兼具地方特色和时代特色。例如，世界文化遗产开平碉楼，通过传统古朴民居、中西合璧碉楼与植物青翠田野的乡村景观，感受到广大侨胞远渡重洋、艰苦奋斗、保家卫国的卓绝历史。这些历史遗存大多数存在于广袤的乡村地区，印记了历代先民艰苦开荒创业的历史轨迹，正是乡村文化振兴和风貌塑造的历史源泉。

《国家乡村振兴战略规划（2018—2022年）》文件中具体将我国村落分为四大类型推进乡村发展，其中"特色保护类村庄"类也是广义的传统村落，具有丰富独特的自然特色景观和历史文化资源，在风貌塑造中承担着传统保护和文化振兴的作用。广东省现有全国重点文物保护单位98处，省级文物保护单位786处，共有登记不可移动文物37156处，其中古建筑20566处，石窟寺及石刻769处，近现代重要史迹及代表性建筑10821处[44]。目前有广州、潮州、肇庆、佛山、梅州、雷州、中山、惠州国家级历史文化名城8座，历史文化街区104处，中国历史文化名村22个和省历史文化名村56个，中国传统村落160个和省传统村落186个。

广东省一直重视历史文化遗产保护工作，除对历史文化名城名镇名村、历史文化街区保护规划之外，还提出通过建立"历史文化游径"将众多文化遗产串联起来，彰显岭南特色文化，打造大湾区文化品牌。从2016年开始，广东省开始发展串联乡村地区发展历史文化遗产游径，通过历史纽带将粤港澳的文化遗产串联起来进行系统发展，构建具有丰富历史内涵的大湾区文化遗产游径系统。在2020年5月，广东省文化和旅游厅公布了第一批64条历史文化游径，包括相关历史文化和旅游资源点共461个[45]，文化遗产游径系统以历史探访为文化核心，兼具历史传承、乡村风貌与研学教育功能，展示出岭南文化的多样性、适应性和包容性。

对于城市化快速进程中和新农村建设热潮中的广东乡村，由于民系历史丰富、多元文化交错、地形地貌复杂、海陆气候变幻等因素，生活聚落的街区、村落、建筑、遗迹也为数众多且较为分散，许多乡村都存在宗祠、老屋、街巷等有历史价值的建筑。各地在乡村振兴建设中突出文化元素，将这些乡间文物古迹串联起来，在乡村风貌塑造中体现这些文化遗产魅力。从世界文化遗产申报、历史文化名城、

名镇、名村的保护规划，到历史街区更新和文化游径建设，广东始终在丰富文化遗产保护利用内涵，结合岭南特色推动乡村建筑文化传承，创新中华优秀传统文化转化路径，以文化为核心丰富乡村建设风貌塑造内涵。（图3-2-1、图3-2-2）

图3-2-1 佛山市大旗头村

图3-2-2 潮州市龙湖古寨

广东省乡村风貌
塑造典型案例

项目课题组在广东省住房和城乡建设厅的带领下，根据广东省典型地区的自然环境与人文环境，按照广府文化、潮汕文化、客家文化三大地区，以及五邑侨乡、雷州半岛、少数民族三个次级文化区，结合各地乡村地理文化因素和建设实际情况，根据广东省人民政府关于推进乡村振兴战略实施工作，征询住房和城乡建设部课题开题专家组意见后，分别从粤东、粤西、粤北和珠江三角洲地区选取典型村落，挑选出其中12个具有代表性的村落进行实地调研考察（表4-0-1）。

课题组通过实地考察、会议座谈、经验介绍、专家讲解等方式，深入到广东各地对于乡村风貌塑造工作探索，总结出广东乡村风貌塑造六大形成机制，得到全国政协调研组与住房和城乡建设部专家组的肯定，通过了广东省典型地区乡村风貌塑造案例研究课题，本章以下将结合案例分别介绍六大形成机制（图4-0-1、图4-0-2）。

广东省典型地区乡村风貌塑造典型村庄 表4-0-1

村庄	典型文化与特色优势	塑造成效	荣誉称号
紫南村	佛山市禅城区 广府文化代表 乡村治理典范 城乡融合示范区		全国文明村、 全国乡村治理体系示范、 新时代·中国最美乡村、 全国民主法治示范村、 广东省名村
莲江村	珠海市斗门镇 广府文化代表 新农村建设的典型代表 "十里莲江"景区		住房和城乡建设部 2016年村庄规划示范村、 省级新农村连片示范区
强亚村	江门市五邑侨乡地区 文化代表 碉楼建筑群		世界文化遗产、 首届广东十大美丽乡村
南平村	广州市从化区 广府文化代表 南平静修 特色小镇		2019年农业农村部 "中国美丽休闲乡村"

村庄	典型文化与特色优势	塑造成效	荣誉称号
莲麻村	广州市从化区 广府文化代表 广州市最北行政村和生态农业旅游特色小镇		2017年"全国文明村"、首届广东十大美丽乡村
连樟村	清远市英德市 广府文化代表 扶贫车间、现代农业科技示范园、连樟乡村振兴学院		习近平总书记亲临考察、第二批国家森林乡村
青云村	韶关市翁源县 客家文化代表 广东（翁源）乡村振兴培训学院		AAAA级旅游景区、中国历史文化名村、广东十大最美古村落
良洞村	云浮市新兴县 广府文化代表 依托温氏集团形成独具特色产业链展模式		云浮模式 "美丽云浮、共同缔造"2017年省级新农村连片示范建设工程
龙山塘村	云浮市新兴县 广府文化代表 禅意之旅获选为广东美丽乡村精品线路		共同缔造，云浮模式、住房和城乡建设部定为"美好环境与幸福生活共同缔造"活动第一批连片推进村
鹿颈村	惠州市惠城区 客家文化代表 邓演达故乡岭南新民居工程		2015年住房和城乡建设部第三批美丽宜居小镇和美丽宜居村庄示范

村庄	典型文化与特色优势	塑造成效	荣誉称号
樟林村	汕头市澄海区潮汕文化代表 古代海上丝路重要驿站和潮汕华侨文化源头		中国传统村落南粤古驿道示范段、潮汕古村落
虎形村	梅州市雁洋镇客家文化代表 叶剑英故居和叶帅纪念馆		全国爱国主义教育基地、客家传统村落

（来源：课题组自摄整理）

图4-0-1 课题组与部省专家在广东省江门市乡村风貌塑造案例研究课题工作座谈会

图4-0-2 课题组与部省专家在广东省云浮市研究农村房屋建筑风貌管控工作座谈会

4.1 共同缔造·从广东出发

4.1.1 共同缔造模式发源地广东省云浮市

在云浮市原市委书记王蒙徽的首发倡导和积极推动下，云浮市县社会各界广泛参与"共同缔造"行动，形成"共谋+共建+共管+共评+共享"乡村治理体系，是实现社会和谐、乡村振兴、城乡融合发展的创新工作。云浮市2009年开始以科学发展观指导宜居城乡建设进行探索，在该市南山森林公园改造工程项目建设过程中，坚持人民城市人民建人民管人民用，规划让群众广泛参与、建设让群众需求实现、管理让群众方便使用，“共同缔造”理念受到广大群众热烈称赞，调动了人民群众参与建设家园积极性，探索了宜居城市建设民办公助的可行性。云浮实验表明，美好环境与幸福生活共同缔造系列活动，可以成为提升乡村基层治理能力的重要路径，继而为人居环境提升和乡村风貌塑造奠定坚实基础。

依据云浮市《美好环境与和谐社会共同缔造行动纲要》（图4-1-1），2011年4月，新兴县发布《关于进一步推进美好环境与和谐社会共同缔造行动的若干意见》，明确提出六项工作重点：“一是以分类施策为基础发动群众参与；二是用以奖代补为载体吸引群众参与；三是以培训提高为切入点引导群众参与；四是以规划协调为纽带启发群众参与；五是以宣传精神为根本提升群众参与；六是以年度考评为手段激励群众参与”[46]。根据《关于加强云浮市农村住房规划建设管理的意见》，新兴县先后出台《新兴县农村住房建设管理奖励办法》《云浮市农村农房风貌管控指引》《新兴县农村住房建设管理试点工作实施方案》等文件，提出政府引导、群众主体、市场运作、以奖代补等方式引导农民主动关心乡村风貌塑造。

2019年2月，住房和城乡建设部正式提出在城乡人居环境建设和整治中开展美好环境与幸福生活共同缔造活动，随后广东省在“住房城乡建设系统落实乡村振兴战略和农村人居环境整治”推进会上，提出“美丽乡村共同缔造”新路径，核心内涵在于全覆盖健全完善基层党组织，构建“纵向到底、横向到边、协商共治”乡村治理体系，从聚焦农民自家房前屋后实事小事琐事，发动群众“共谋、共建、共管、共评、共享”，成为脱贫攻坚、乡村振兴和治理体系现代化的有效方法，扎实推进农村人居环境治理实现美好家园建设。2019年12月，云浮市新兴县出台《美好环境与幸福生活共同缔造试点县工作方案》，次年7月，该县成了全国首批“美好环境与幸福生活共同缔造”活动培训基地（图4-1-2）。

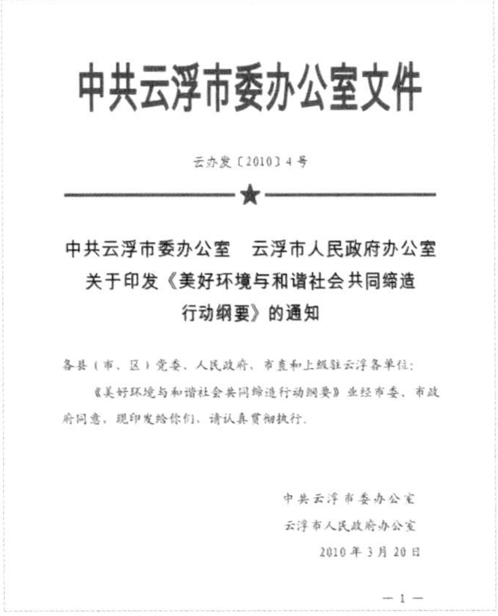

中共云浮市委办公室文件

云办发〔2010〕4号

中共云浮市委办公室　云浮市人民政府办公室
关于印发《美好环境与和谐社会共同缔造
行动纲要》的通知

各县（市、区）党委、人民政府，市直和上级驻云浮各单位：

《美好环境与和谐社会共同缔造行动纲要》业经市委、市政府同意，现印发给你们，请认真贯彻执行。

中共云浮市委办公室
云浮市人民政府办公室
2010年3月20日

—1—

图4-1-1 云浮市人民政府办公室印发“美好环境与和谐社会共同缔造行动纲要”的通知

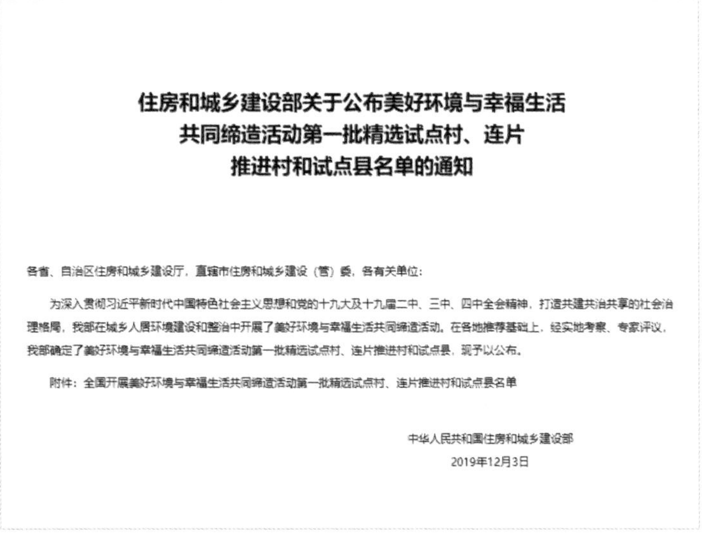

住房和城乡建设部关于公布美好环境与幸福生活
共同缔造活动第一批精选试点村、连片
推进村和试点县名单的通知

各省、自治区住房和城乡建设厅，直辖市住房和城乡建设（管）委，各有关单位：

为深入贯彻习近平新时代中国特色社会主义思想和党的十九大及十九届二中、三中、四中全会精神，打造共建共治共享的社会治理格局，我部在城乡人居环境建设和整治中开展了美好环境与幸福生活共同缔造活动。在各地推荐基础上，经实地考察、专家评议，我部确定了美好环境与幸福生活共同缔造活动第一批精选试点村、连片推进村和试点县，现予以公布。

附件：全国开展美好环境与幸福生活共同缔造活动第一批精选试点村、连片推进村和试点县名单

中华人民共和国住房和城乡建设部
2019年12月3日

图4-1-2 住房和城乡建设部关于公布美好环境与幸福生活共同缔造活动第一批精选试点村、连片推进村和试点县名单的通知，其中云浮市新兴县在列（来源：网络）

4.1.2 共同缔造理念基本原则

（1）核心力量在党建

坚持党管农村工作，注重发挥基层党组织的坚强堡垒和先锋模范作用，在整县统筹基础上扩大党组织在农村基层有效覆盖，加大镇级党委对行政村党组织统筹引导作用，加强行政村党组织对村民小组全面领导作用。

（2）人民群众是主体

本地人民群众最能体会当地的问题和需求，通过村民自主管理与乡贤自动参与，尊重村民意愿、凝聚村民共识、提升治理水平、改善村庄环境、提高生活品质，才能满足人民群众对美好环境与幸福生活的不断追求。

（3）多方参与是关键

"共同缔造"行动需要构建多种参与平台，促进政府部门、当地村民、社会乡贤、帮扶企业和专业团队的密切合作，实现从政府负责建设向社会多方参与转变，通过平台建设可实现责任分担、多方联动、各司其职。

（4）政策制度是保障

当地政府部门依法依规进行项目管理、资金使用、绩效考核等政策制度创新实践，根据新时代乡村建设发展实际情况完善相关政策制度，细化制定"美好环境与幸福生活共同缔造"建设管理规则以及新型村规民约。

（5）专业技术是支撑

充分发挥专业团队、高校师生及科研机构等技术力量，制定符合乡村实际的工艺方法、实施导则和技术标准，鼓励农房建设的新材料、新技术、新工艺等研发应用，以专业技术提高美丽乡村共同缔造的效能和效果。

4.1.3 探索共同缔造实施的五共机制

（1）决策共谋

现状资料调查：推动多方力量参与美好环境与幸福生活共同缔造，发挥自上而下的政府管理优势和自下而上的社区自治优势，调动政府、村民、乡贤、企业以及专业团队等多方主体力量，通过入户走访、实地踏勘、问卷调查、乡贤座谈、驻村体验等方式，全面了解村庄基本情况、主要问题、村民意见等，共同规划乡村振兴与发展路径，共同制定美好环境与幸福生活共同缔造实施方案。

规划设计编制：邀请专业技术团队以需求为导向编制规划设计方案，注重开展乡村资源普查与评估建库，对交通区位、生态资源、文化资源、用地情况、农业资源、产业基础、政策条件等进行梳理，合理规划产业布局、项目规模以及土地利用方式，将符合建设发展需求以及本地实际情况的项目列表，形成"一图一表一项目库"成果，实现时间、空间、资金、实施、管理的科学统筹。

实施项目策划：整合多方资金投入美好环境与幸福生活共同缔造，结合各类建设实施项目的内容特征，扩大美好环境与幸福生活共同缔造的资金内容渠道，发动村民、乡贤、企业多种渠道自筹资金，允许各村优先从项目库内选取适宜的项目进行自主筹资建设。鼓励村民拥有更多自主决策和合作支配权益，引导自有资产、工商资本、社会资金，通过项目帮扶和投资建设等方式共建美丽乡村。

（2）发展共建

推进"美丽家园·共同缔造"行动：解决农村地区生活环境脏乱和村容村貌品质不佳等问题，开展"三清三拆三整治"工作统筹利用空闲土地，提倡"小菜园、小果园、小花园、小公园"等小微生态环境整治行动，完善幼儿园、卫生站、文化室、停车场、公共厕所等建设，加强红色文物、传统民居、古树名木等保护力度，开展古村落、古驿道、古建筑、古街巷等进行保护修复和活化利用。

推进"美丽田园·共同缔造"行动：着重解决农村农业生产区域土地荒芜低效、环境品质不佳等问题，根据特色农业产品以及土地资源特点，合理提高土地生产效率，打造农业景观风貌特色。实施美丽田园改造，优化调整产业布局，鼓励加强土地流转、统筹、集约利用，发展现代农业、农产品精加工、休闲农业、乡村旅游、研学教育等适宜产业，塑造兼具功能和美学价值的农业文化景观。

推进"美丽河湖·共同缔造"行动：着重解决农村水系污染、水道不畅、岸线不美等问题，通过建设分散式处理终端设施、纳入城镇管网排放等多种方式，因地制宜地有序推进污水处理设施建设，确保农村污水全面收集、高效处理、达标排放，逐步实现分类、分质、分级循环利用生态处理，在开展河道生态治理的同时进行乡村风貌提升，同时将两者加入"万里碧道"系统中，提升河道两侧景观水平，重点建设两岸风貌。

推进"美丽园区·共同缔造"行动：鼓励资源禀赋较好、基层干部和群众内生动力较强的地区，系统挖掘乡村特色资源和文化条件，盘活荒废土地、空心旧村、闲置厂房等，形成特色鲜明、附加值较高的主导产业，积极推进规模化、标准化、品牌化和市场化建设，高标准创建一批乡村景区、特色小镇、现代农业产业园、农业公园、湿地公园等美丽园区，培育"美丽园区·共同缔造"综合示范基地。

推进"美丽廊道·共同缔造"行动：把沿交通线、沿边界线、沿旅游景区、沿城市郊区等"四沿"区域整治作为重要节点，美丽风貌连片打造，人居环境整体整治。开展"四沿"区域乡村绿化美化亮化行动，力争沿线道路硬底化、黑底化、标准化，加强沿线标识牌、宣传牌、广告牌等统一布设管控，配套完善交通服务设施和旅游休闲设施。

（3）过程共管

建立项目全过程一体化管理：各类项目需根据不同资金渠道进行管理结算，对于投资规模较大及技术方案复杂的项目，明确"规划设计—工程实施—竣工结算—投产使用"等各项管理流程；对于资金形式多样且技术难度较低的项目，依托政府财政资金、村民自筹、乡贤捐助，社会资本、金融贷款等资金建设按照小额工程类项目管理，属于经营性项目则按照市场规则交由企业运作管理。

建立"专班+小组"管理机制：县镇两级政府协调相关部门组建"共同缔造工作专班"，对项目统筹、资金集约、人员行动进行协同管理，内设若干专管小组由县镇相关领导负责研究解决问题，村委集体统筹各村民小组组建"共同缔造工作小组"，组织热心村民、乡贤能人、帮扶企业等参与落实工作和解决问题，"专班""小组"定期对优秀经验、优化做法、成功案例进行总结学习。

编制乡村建设管理技术导则：分类开展多种要素"共同缔造"专项技术导则编制，具体包括：新建农房设计导则、人居环境整治导则、乡建工艺工法指导手册、乡土植物配置导则、乡村建设通用图库等内容，对于乡村建设过程中的基本原则、设计效果、使用材料、施工方法、负面清单等内容进行规定，以简单易懂的方式培训乡村管理人员，引导农民建房，满足乡村风貌塑造修复提升要求。

（4）效果共评

开展人居环境建设评比：采取多主体参与、多方式考察、多维度评分，通过启发一批、宣传一批、带动一批村庄，结合项目完成与资金台账管理的基础上，着重调查共同缔造和环境整治实效，定期组织人居环境建设评比，防止"表面文章"，对于建设效果良好的村庄颁发相应荣誉，给予相应配套资金和专项奖鼓励。

开展资金投入绩效评比：以县为单位对财政专项资金投入产出、效率和结果进行评价，绩效目标与专项资金的使用范围、实施方法、建设成效紧密结合，从数量、质量、成本和时效等方面进行细化，开展美好环境与幸福生活共同缔造资金绩效评比，按照相关规定评价结果可以进行一定程度范围的公示。

开展村民参与热情评比：以镇牵头联合村民集体建立村庄环境评比小组，定期开展村内环境评比工作，重点是村民参与共同缔造行动的知晓度、支持度、满意度，对村内的院落、宅前屋后公共空间卫生整洁情况进行评分，对排名前列村民进行奖励，对排名靠后的村民通报批评，形成村民自觉爱护优美环境的氛围。

开展专业团队技术评比：对于开展下乡帮扶参与乡村建设专业团队，地方政府组织当地村民进行评价，对参与共同缔造的人员数量、服务态度、技术质量和实施效果等，由评比小组进行多方面、多角度、多形式的评价，建立奖惩并举的积分排名、市场准入和媒体宣传，对工作具有突出贡献的先进单位个人予以通报表彰。

开展优秀企业贡献评比：鼓励优秀企业通过公益帮扶形式参加共同缔造行动，由县级政府部门组织相关专家、行业协会和社会媒体，对企业投资项目带来社会经济效益和村民收入增加等评比打分，对给村庄建设的环境改善、配套服务和风貌塑造等进行评价，对做出突出贡献企业予以宣传表彰和政策支持。

（5）成果共享

政府受惠带动多方受益："共同缔造"行动带来人居环境文明风气显著，城乡风貌塑造和基础设施水平明显得到提升，地方政府持续开展各类宣传活动营造良好社会氛围，当地村民逐渐适应将"共同缔造"融入日常生活习惯，村庄设施、公共绿化、环境卫生、配套服务等持续改善，专业团队长期扎根乡村，跟进村庄发展提供服务，专业帮助各村持续开展人居环境整治和乡村风貌塑造工作。

产业进驻促进村民增收：对于具备特色资源和显著发展条件的村庄，政府加强乡村资源与企业资本对接，主动助力乡村资源与企业资本的精准对接，可由专业团队梳理挖掘乡村资源，根据村庄特色引导产业项目进驻，构建乡村资源数据库，为企业进驻提供便利，促进村集体村民增收，激发居民回家乡创业。

4.1.4 社会力量多方联动的共同缔造

广东省在新时代粤港澳大湾区国家战略驱动背景下，基于在技术储备、人才流动、资金积累、政策创新，以及城乡要素互动等方面发展优势，要在广东率先汇聚"美好环境与和谐社会共同缔造"多方参与力量，需要在培育村民主体作用充分调动内生动力的同时，强化各级党委、政府统筹引导作用，从政治层面探索出整套贴近农村实际的政策标准体系，强化专业团队技术支撑和帮扶企业产业带动作用，搭建市县镇村四级共享村庄管理信息沟通平台，培养一支设计、建设、运营、管理、评价多个专业为一体的实施队伍，为"共谋+共建+共管+共评+共享"开展提供技术手段的全过程协助，逐步形成政府、村民、专业团队及社会力量多方联动的共同缔造形势。以新兴县龙山塘村为例，龙山塘村集体充分发挥村民在乡村建设中的主体作用，结合当前乡村振兴、风貌塑造、建设发展存在的主要问题，以村落自然资源为根本，以特色农村产业为依托，以六祖禅宗文化为桥梁，以共同缔造起源为媒介，重点围绕六祖禅宗小镇推进藏佛坑旅游区为核心，乡村美食、农家客栈、特产销售、禅修小镇，以及综合服务中心为主体，完善道路交通、风貌塑造、污水处理、相关配套等设施，挖掘禅宗六祖报恩文化打造"中国禅宗文化村"，突出乡土风情特色，实现第一、第二、第三产业联动发展，2019年全村集体经济收入80万元，当地村民人均可支配收入3.58万元，实现龙山塘村乡村振兴可持续高质量发展。

云浮市新兴县良洞村则依托于上市公司温氏集团，推行"公司+村庄集体+养殖小区+农户"的经营模式，在温氏集团成熟的农牧产业格局下，通过村企合作积极发展现代农牧、乡村旅游、运输物流等相关产业，逐步形成第一、第二、第三产融合发展的特色产业体系。良洞村在温氏集团支持下积极探索村企共建模式，在1999年至2015年间村庄建设涉及资金中，农村人居环境建设累计投入约1200万元，其中温氏集团捐赠、村民集体投资、政府财政拨款各占约三分之一，资金模式充分体现了村民、企业、政府的多方共谋共建，成为"美好环境与和谐社会共同缔造"行动的有力证明[47]，

温氏集团参与乡村建设公益，收获良好的社会声誉和农户支持。

4.1.5 龙山塘村——共同缔造样板突显禅意文化乡村风貌

（1）村庄基本情况

龙山塘村位于云浮市新兴县六祖镇东南侧，毗邻"六祖故里"禅意文化度假区，特有六祖圆寂地"藏佛坑"风景区，省道S276线穿村而过，2019年村集体经济收入80万元，村民人均可支配收入3.58万元。全村总用地面积5.97平方公里，水田1270亩、山地6000亩，主要种植龙眼、荔枝等优质水果和经济作物，下辖龙山塘、上流、寺田、高洞4条自然村，12个村民小组共有村民453户2295人，村中拥有80岁以上老人105名。龙山塘村已建成了4公里的柏油环村栈道、特色休闲广场、景观桥、引水渠、麻石路和人工湖等，以及5个村级污水处理池和5座公共厕所、1座有机易腐垃圾处理中心和9个垃圾收集点。

龙山塘村先后荣获"全国民主法治示范村""广东名村""广东省卫生村"等称号。2013年曾在联合国环境署国际花园城市全球总决赛上获得了"国际花园社区全球大奖"。2019年9月荣获广东省首批文化和旅游特色村，并被住房和城乡建设部定为"美好环境与幸福生活共同缔造活动"第一批连片推进示范村。2019年9月，广东省委农业办公室和南方报业集团联合主办"寻找乡村振兴排头兵——首届广东十大美丽乡村、广东美丽乡村精品线路"活动中，龙山塘村被评为广东美丽乡村特色村；新兴县"禅意之旅"成为广东美丽乡村精品线路之一，龙山塘村"龙山之静"主题作为该线路重要旅游节点（图4-1-3）。

图4-1-3 龙山塘村现状全貌鸟瞰图

（2）村庄规划建设

县镇村三级书记共同推进乡村振兴。龙山塘村民自主编制可落地实施乡村规划，成为云浮全市、广东全省乃至全国树立自主规划样板，充分发挥当地村民在规划建设中的主体核心作用，引导村民自主编制村庄规划，激发村民积极性，纷纷为村庄规划出谋划策，齐心编织"美丽乡村梦"。

以"绿水青山就是金山银山"理念，通过对生态环境的合理利用与发展，将生产产品逐步转化实现经济赋能，借助发展经济，一定程度上提升了龙山塘村村民物质文化生活水平，改善了农村居住环境质量，最终提升了农民生活幸福感。

搭建县、镇、村三级村庄规划信息平台。有效提升规划编制管理实施效能，群众"一机在手，规划我有"随时随地了解规划，可在平台下载具有规划数据建设蓝图，线上进行规划项目标注进行打印出图，将各类村庄建设项目规范入

库，并可对规划建设实施工作提出改善建议。

培养县镇村三级乡村振兴建设队伍。自下而上、自主担当、良性互动、形成合力，聘请经验丰富的规划编制机构与镇村"结对子"，实现专业技术人才到乡间田头指导"零距离"，使乡村规划体现群众意愿满足群众需求，在专业团队指导下镇村磨炼出大量"村民规划师"（图4-1-4）。

（3）风貌管控措施

"新兴县农村住房建设管理试点工作实施方案"提出农房建设原则，制定详细的工作分工、建设要求和实施步骤，对于农房建设和乡村风貌塑造资金，采取"群众自筹+县镇奖励"的办法进行解决，包括：农民筹资筹劳、政府提供物资、集体经济投入、社会乡贤捐赠等。坚持依托特色农产品发展体验观光农业，坚持科技推动农村发展绿色生态农产品，坚持以绿色生态导向人与自然和谐共生，利用优势资源打造200亩优质果蔬种植基地，发挥当地特色

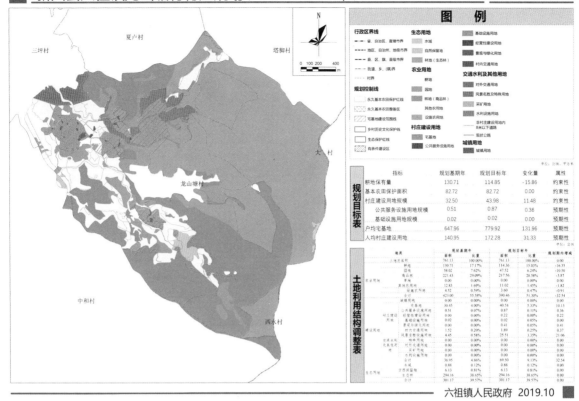

图4-1-4 龙山塘村土地利用规划图（来源：由新兴县六祖镇政府提供）

农业形成"一村一品"格局，最终实现龙山塘乡村振兴可持续高质量发展[48]。

"新兴县农村住房建设管理奖励办法"规定了农房建设管理奖励标准，明确以下建筑风貌控制措施：一是新建农房不得超出宅基地红线范围，优先利用空闲地闲置地未利用地进行建设；二是每户宅基地基底面积不大于120平方米，建筑层数不超过4层且高度不大于16米；三是村民建房应体现南方建筑特色[49]。同时，通过印制推广《龙山塘村农村设计图集》，引导村庄建筑风貌更统一农房建筑更规整，使新建房屋符合村庄整体景观风貌控制要求。

（4）风貌塑造项目

龙山塘禅文化艺术家工作室。龙山塘禅文化艺术村项目投资总额约8000万元，通过向村民租赁30间可正常使用的古民居，建设书画、雕塑、摄影、音乐等艺术工作室，引入传统手工陶艺、木雕、玉雕等工艺品研发加工，逐步打造成为集艺术加工设计、培训教育、饮食娱乐、购物休闲、户外运动等功能一体，国际禅文化创意旅游产业基地和最美的乡村度假区之一（图4-1-5）。

藏佛坑禅文化旅游休闲景区。藏佛坑禅文化旅游休闲度假景区总投资10亿元，目前累计投入资金2.6亿元。与"广东新兴·中国禅都"建设总体规划相结合，以"弘扬禅宗文化、共建和谐社会"的理念进行开发，计划5年内把藏佛坑及周围区域建设成为一个集中禅修、养生、文化交流、田园观光、旅游购物等功能为一体的大型高端品牌禅文化旅游度假区（图4-1-6）。

云浮实验建立了以人居环境愿景规划、城市主体功能完善、完整社区建设指导、美好环

图4-1-5 龙山塘禅文化艺术村街巷

图4-1-6 藏佛坑文化旅游度假区

境与和谐社会共同缔造行动纲要为主的行动框架，并通过"美好环境与和谐社会共同缔造"行动实践取得成效[50]。"云浮实验"受到吴良镛等

高级专家学者高度评价及多方充分肯定，在人居环境改善、经济发展加速、社会和谐稳定、党群干群关系融洽等方面已取得了显著成效。

4.2 党建引领·万企帮万村

4.2.1 基层组织树立"党建+X"工作理念

中共"十九大"报告指出，将组织力提升作为基层组织建设重点，对基层党组织建设要求包括：宣传党的主张、贯彻党的决定、领导基层治理、团结动员群众、推动改革发展。广东省在总结以往成功实践经验的基础上，2018年出台《广东省加强党的基层组织建设三年行动计划》，要求分别以"规范化建设""组织力提升""基层党建全面进步全面过硬"为主题，通过三个阶段工作加强党在基层的执政根基。逐步构建完善"1+N"政策体系（即1套主文件和N个配套件），1套主文件，出台《贯彻落实〈中国共产党农村基层组织工作条例〉》的具体举措》，实施健全村党组织对各项工作的全面

领导机制等26条针对性举措；N个配套件，主要包括：党建引领乡村振兴、实施"头雁"工程、党员教育管理、健全组织体系、基层党建基础保障、软弱涣散基层党组织整顿、扫黑除恶专项斗争、配套综合政策等8个方面31份文件，农村基层党建制度化水平全面提高，完善农村党组织设置方式与工作机制，推动乡村精神文明建设不断向前发展。

党建引领是乡村风貌塑造发展的基石保障。广东省乡村风貌塑造过程中坚持落实农村基层党建工作责任制，以党建为引领全面推进基层治理，选好、用好、管好农村基层党组织带头人，其中以清远市连江口镇连樟村为代表村庄，通过党建引领取得乡村振兴显著成效。连樟村把加强基层党组织建设作为乡村振兴工作出发点。加强党组织建设，激发"头雁效

应"，连樟村抓住党支部和村两委干部队伍建设这个核心要素，进行党情、干情、村情、民情的"四情"摸底调研，通过开展各级领导与村委干部一对一结对帮扶，帮助连樟村党组织迅速提升领导力组织力战斗力，在思想素质方面有所进步，在工作能力方面有所提升。该村在推进精准脱贫和乡村振兴工作中，紧扣打造"党建引领乡村振兴全国样板"目标，充分发挥基层党建战斗堡垒和党员先锋模范作用，采取"镇干部包村、村干部包片、党员包户"方式，推动党员干部树立"党建+X"工作理念，在新农村建设、精准脱贫、产业兴旺工作中主动作为，创新"党建+美丽乡村""党建+产业创新"等内容。

乡村风貌塑造离不开当地村民们的支持与落实，针对当地村庄风貌塑造过程中的具体问题，如何充分发挥村民们在风貌塑造中作用？如何更好地发挥村民们的主观能动性？2008年以来，佛山市紫南村在村党委书记潘柱升的带领下，组织专家编制《禅城区南庄镇紫南村自治管理制度汇编》（以下简称《汇编》），《汇编》中提出"禁止饲养牲畜、禁止出租房屋、禁止乱搭乱建、禁止超高超标建房等，成为党建引领村庄治理蓝本"；规定村民行为不得打光露背、不得乱丢乱扔、鞋子规范摆放、停车一律车头朝外等，树立乡村风貌精细管理典范；村党委坚持村级"四民主两公开"制度，让"规范、阳光、公平"紫南村变为现实。曾经著名的上访村、落后村、脏乱村，逐步建设成先进村、示范村、明星村。紫南村在村党委坚强领导下，先后制定了一系列比较完善的村规民约，形成一整套具有紫南特色的乡村治理体系，共10多份村规民约和300多条管理规定，实现了党建引领、流程管事、制度管人的良好

图4-2-1 紫南村自治管理制度汇编

机制，形成了建设有序、设施完备、风貌宜人的治理典范（图4-2-1）。

4.2.2 头雁效应引领基层党建

专业有能力的农村建设队伍是乡村风貌塑造过程中的必要条件。广东省自2012年开始实施"村干部上大学"工程，总共11939名基层党员干部参加学历教育，其中6186人已结业取得相应证书。其中，广州市在2012年到2020年期间，村党组织书记大专以上学历占比从41%提高到78%，村两委干部大专以上学历占比从29%提高到67%[51]。佛山市紫南村则长期坚持以党建工作引领全局，把从严治党责任落实到位，通过建设党员村民小组、加强党员教育、建立联席会议等制度，加强该村党组织战斗力；通过建立村级党委理论学习中心组制度，坚持常态化学习教育活动，改善村级党组织学习力；通过创立市镇村直联工作队、公开选拔后备干部、引入人才挂职党委等措施，优化基层党组织创新力。紫南村通过提升党组织的战斗力、学习力和创新力，进一步加强党对基层农村思想政治等各项工作领导，开创了产业快速发展、村民安居乐业、人居环境优美、乡村风貌整齐的良好局面，实现

了经济、社会、人文、风貌等全方位发展，村党委集体获得"广东省先进基层党组织"等称号，村党委书记潘柱升荣获"全国优秀共产党员"称号。

广州市从化区南平村把握创建"广州市美丽乡村"机遇，将村党组织建设成为乡村振兴"先锋引擎"。南平村党支部现有共产党员49名，牢固树立绿色发展理念精准发力，引领全村干部群众扎实开展党建，引领乡村发展，狠抓干净、整洁、平安、有序的村容环境，推动南平静修小镇建设取得明显成效。南平村在党支部的坚强有力带领下，始终坚持把加强农村基层党建作为首要任务，组织实施强基固本"两全面·一更加"锻造工程，制定"新时代文明实践轻骑兵"作战图，通过送志送学送智送医行动、党员上山下乡进村入户、干部联系服务农户网格化等15个党建具体项目，实行党建工作挂图作战和项目化管理，提升南平村基层党建工作水平。整村同时推动村党组织与驻村单位企业结对共建活动，结合当地实际情况搭建共建共治共享机制，实现相互沟通、优势互补、共同发展，推行"村书记带头、村干部包社、村党员包户"挂点联系制度，以"党群连心桥行动"为契机，增强基层党组织在群众心中威信作用，先后取得"广州名村""广州市文明村"等称号，村党支部荣获2019年"广州市先进党组织"等荣誉。

南平村针对产业相对单一、基础设施较差、村民就业困难等问题，村党组织充分发挥在推动乡村振兴、特色小镇建设、人居环境整治等工作中的领导核心作用，带领全村开展"党建引领产业振兴""党建引领南平静修特色小镇建设""党建引领农村人居环境整治"

系列行动，深度发展"党建引领下的村企合作发展"模式，因地制宜地做强富民兴村产业壮大集体经济。党支部针对部分村民就业困难收入较低问题，组织本村党员干部定期向村民提供"两个面向"服务，面向村民的便民利民服务和面向无业人员的社会保障服务，重点帮助就业困难的村民在技术工、清洁工、建筑工等岗位就业，先后筹资完成了村道升级改造、生活污水处理、厕所建设革命等一系列农村美丽工程。党组织面对村内产业结构单一发展动力不足问题，村党组织带领全村干部积极与珠江实业集团有限公司合作推进小镇建设，双方按比例合资建设休闲度假、观光采摘、特色养殖等乡村旅游产业，推广南平荔枝"美荔定制"模式，拓宽村民增收致富渠道。2018年，南平静修小镇村民人均收入同比增长43%，成为珠江三角洲地区美丽乡村建设现场推进会观摩村（图4-2-2）。

图4-2-2 南平村静修小镇

4.2.3 党组织建设扎实推进帮扶工作

2018年5月，广东省出台了《中共广东省委广东省人民政府关于推进乡村振兴战略的实施意见》，强调要以党建引领实施"万企帮万村"下乡行动，鼓励企业下到乡镇帮扶建设乡村。同年10月，广东省省委、省政府发出乡村振兴"万企帮万村"倡议书，呼吁全省各类企业通过村企结对帮扶模式，帮助欠发达地区农村地区加快发展步伐，到2022年年底前发动约1万家企业下到乡镇，助力乡村振兴，实现共赢发展。2019年4月，广东乡村振兴"万企帮万村"信息平台上线，为推进乡村振兴"万企帮万村"工作提供信息化支撑保障。广东省省委农村工作办公室快速推进"万企帮万村"行动，加强组织领导搭建工作平台做好跟进服务，广泛宣传"万企帮万村"动员各类企业加入行动，社会各界企业积极参与乡村建设并提供资金。到2019年12月，广东省总共动员各类参加企业9115家，帮扶村庄6717个，开展帮扶项目1705项，投入帮扶资金约122亿元。广东省省委实施乡村振兴战略领导小组办公室，抽调干部成立"万企帮万村"专职协调小组，负责组织、指导、协调、宣传工作，针对村企帮扶工作建立五大工作机制。

建立帮扶台账目录：广东省省委农办组织开发乡村振兴"万企帮万村"信息平台，架起企业与受扶村庄对接桥梁，实现帮扶信息共享和台账公开，入驻单位可实时了解村庄与企业联系及援助项目进度。

建立联动对接机制：各村负责录入村庄名称、联系人员、村庄概况、帮助需求、当前情况图片等信息，这些信息将由镇进行审查和完善，并逐级提交到县市审核发布，省级负责总体协调和监督。

建立培训辅导机制：举办乡村振兴"万企帮万村"行动对接信息平台辅导班，就"万企帮万村"对接信息平台录入系统使用进行辅导，提高系统在各地的操作水平，保证数据更新的时效性和准确性。

建立季度通报机制：在《广东省农村人居环境整治进展情况的通报》中对各地"万企帮万村"发动帮扶企业数量、对接帮扶村数、配套资金计划等进展情况进行报道，加快工作力度和工作进程。

建立绩效考核机制：充分发挥绩效考核指挥棒作用，将"万企帮万村"行动纳入全省推进乡村振兴战略实绩考核，并组织系统开发团队提供技术服务支持，从而使援助过程程序公开透明和动态化。

为了促进社会形成"我帮扶我光荣"浓厚氛围，广东省省委、省政府构建了"五多"宣传模式，如"多渠道宣传""多平台倡议""多形式引导""多树立典型""多成果展示"等。宣传部门组织省工商联、南方日报等媒体拍摄了《广东乡村振兴"万企帮万村"在行动》宣传片，在"南方+（南方Plus）""触电新闻"等媒体滚动宣传，呼吁更多慈善企业家发扬传统"先富带后富"的精神，积极开展援助。广东省宣传部、国资委、工商联、团省委、省妇联、省青联等单位通过官网、微博、电视台、公众号等媒体，向全省各类企业发出《乡村振兴"万企帮万村"行动倡议书》[52]，并推动各地市在当地政府官网上向全社会提出倡议。专职协调小组设计"万企帮万村"专用标志，广泛用于各类下乡帮扶企业提升公众形象，编制《广东省乡村振兴"万企帮万村"政策汇编》，印发《广东省乡村振兴"万企帮万村"行动工作指南》，号召全省爱心企业向贡献突出的帮扶单位学习取经，发动主要媒体报道转载"万企帮万村"相关活动，推动信息平台上线启动仪式、精准扶贫济困活动等在中央电视新闻、人民日报、南方日报等重要媒体报道。

4.2.4 万企帮万村帮扶工作亮点纷呈

广东企业历来有致富图报、热心公益的光荣传统，目前全省拥有1000多万个市场主体，460多万个企业单位，这些各类企业得改革开放之先，是改革开放贡献者，也是改革开放受益者。广东省省委农村工作办公室积极引导，凡开会必强调、凡调研必宣传、凡培训必宣讲，各地企业帮扶工作呈现多样化亮点。

帮扶内涵更加丰富。"万企帮万村"帮扶内容从传统的物质提供和物资捐赠，扩大到社会公共服务、基础设施建设、产业合作援助、就业创业供给、乡村风貌塑造、人居环境改善及乡村振兴的方方面面，注重不断提高村庄的"自我造血""持续发展"功能。例如，碧桂园集团在广东开展精准扶贫工作，重点进行基础设施建设、雨污分流处理、平安监控设备、生活环境改善及乡村风貌塑造。各地根据实际情况积极创新帮扶模式，总结探索出一批较有效、多维度、更实用的帮扶模式。例如，湛江市采取由企业与合作社帮扶的"公司+贫困户经济体+专业合作社+基地+农户""贫困户+合作社+农业龙头企业+项目公司"模式；云浮市创新"1（企业）+N（党建、基地、合作社、产业等）"模式开展帮扶工作。

帮扶引导方式多样。专职小组建立健全协调组织企业参与帮扶机制，引导地方政府成立专门的服务机构，召开多频次、多层次、多专业的村企帮扶对接会，组织动员企业到被扶村庄现场考察、商谈和对接等活动。例如，云浮市在被帮扶村及县镇政府成立服务对接小组，公开具体负责人做好帮扶村协调服务工作；广州市举办多场活动引导工商资本参与帮扶，组织乡村振兴合作项目招商引资会、非公有制经济助推乡村振兴现场会等；东莞市组织7家企业在8个村投资10多亿元，提供1000多个工作岗位，每年增加收入500多万元；汕头市充分发挥侨乡地区人缘地缘等优势，发动乡贤积极捐资投入家乡风貌塑造和乡村振兴建设，近两年仅潮阳区和潮南区在外乡贤帮扶捐款已累计达11.42亿元。

帮扶对接对象精准。"万企帮万村"专职小组不断提高村企对接程度，确定找准镇村资源和企业优势结合点，指导镇村农民结合自身优势选准合适帮扶企业。每个受扶村庄进驻信息平台时发布帮扶意愿和信息精准，要明确具体帮扶需求和预测帮扶资金等，以便于企业找到优势互补合适帮扶村庄。例如，梅州市指导对有意愿进行帮扶企业分类筛选，形成帮扶村庄名录和有意参加帮扶行动企业名录，引导镇村把与企村结对帮扶工作写入《村规民约》。按照不同需求配置帮扶项目实现精准化，对于缺少资源、没有项目、劳动力少的空心村庄，企业可在党建、扶贫、项目、资金、人才上给予资助；对用地充裕、劳动力多、缺少就业机会的村落，企业通过产业共建、村企共建等为村民提供工作岗位。

饮水思源、反哺乡村、共同富裕，是广大企业义不容辞的社会责任和光荣使命。"万企帮万村"相较其他帮扶方式更具综合性、多元性和长效性，综合性兼具共建式、合作式、捐赠式特点，可能涉及产业发展、村庄建设乃至教育、医疗、文化等多个领域；多元性让企业处于核心地位发挥更多主导作用，充分调动起企业、政府、社会和被帮扶对象等多方主体积极性；只有长效发展企业帮扶机制才能调动时长活力，激发农业、农村、农民的内生动力向前发展[53]。

4.2.5 连樟村——党建引领建设"空心村"成"网红村"

（1）村庄基本情况

英德市连江口镇连樟村原为广东省贫困村，经过企业帮扶和自身努力实现人脱贫村摘帽，2019年12月顺利通过广东省省扶贫办脱贫验收。该村距镇政府12公里、面积31.83平方公里，其中林地43000多亩、水田905亩，下辖17个村民小组、共482户2225人、其中贫困户54户130人，连樟村党支部有正式党员69人，党组织工作领导有力建设较为完善。2018年连樟村村民人均可支配收入1.52万元，2019年村民人均可支配收入1.77万元，贫困户人均可支配收入提高至1.92万元，有劳力贫困户人均可支配收入提高至2.08万元。

2019年12月，连樟村入选第二批国家森林乡村名单，连樟村茶果菜产业园成功入选省级现代农业产业园，产业园区以连樟村为中心发展规模化种养，辐射带动黎溪村、连江口村、下石太村等地。连樟村核心政策确定为"党建引领+产业振兴"，在党组织领导下深化农村市场化探索，推动要素资源上山下乡唤醒"沉睡"土地，通过激活乡村内原动力将"短板"打造成"潜力板"（图4-2-3）。

（2）村庄规划建设

连樟村规划定位以发展需求作为实际出发点，秉承自然与人文和谐共生的可持续发展原则，将连樟村打造成现代生态农业与农业休闲观光联动发展的山地型美丽乡村。规划

图4-2-3 连樟村现状全貌鸟瞰图

目标拟将连樟村建设成为"生态优美、村容整洁、设施完善、低碳环保、特色鲜明、宜居宜游"新型农村社区和美丽幸福家园，全面实现"山、水、林、田、村"总体空间布局目标，尽显乡村自然之美、生产之美、生活之美（图4-2-4）。村庄环境风貌规划通过综合整治村庄环境，加强对连樟村公共服务与市政基础设施建设，重点对电力供应系统、通信网络系统、污水处理系统、垃圾清运系统、供水排水系统等进行建设完善，改善农村居民生产生活条件[54]。

在清远市英德市党委政府的关心指导下，连江口镇通过了"1+1+4"行动计划，1个城乡融合改革主题、1个重点区域连江口镇、4个目标包括：城乡资源要素同权化、农村经济发展多元化、基础设施建设一体化、公共服务水平均等化，全力推进破解城乡二元结构示范片区

规划建设工作。通过发掘连樟村自然资源优势和党组织先锋模范作用，随之而来连樟村开始出现了巨大变化，省级农业现代产业园等产业项目相继建成投产，乡村振兴学院建成后成为党校实践教学点，道路、供水、供电、通信、卫生等基本公共服务明显提升。

（3）乡村风貌管控

连樟村建筑风貌按岭南与客家融合风格控制，坚持经济适用、安全美观、节能环保、特色彰显等原则，结合连樟村地方特色加强新建农房建设指导。2019年连樟村将广东省住房和城乡建设厅《广东省村容村貌整治提升工程工作指引》《岭南新风貌·广东省农房设计方案图集》《清远市农村住宅设计通用图集》先后印制下发给各村民小组，政府采购建筑设计成果图件免费印发到村供农户选择使用，村委会还负责联系设计单位提供设计图纸变更和跟踪

英德市连江口镇 连樟村 社会主义新农村示范村整治规划

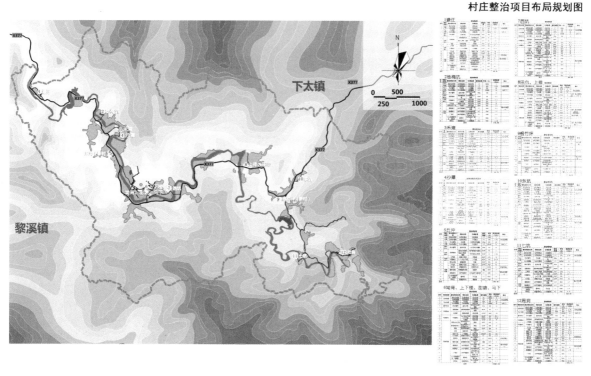

图4-2-4 村庄整治项目布局规划图（来源：由连樟村村委会提供）

服务，各村民小组引导建房农户选择符合村庄规划及风貌协调和谐的住宅设计方案。

连樟中心村、塘汪村、丘冲村和淡地村还被选为实践"共同缔造"理念试点村，村中建筑多为低层砖混结构楼房及年代较长砖木房屋，试点按照美丽乡村建设要求清理、拆除危旧房屋，同时抓好基础设施的道路、球场、水渠、堤坝、路灯等建设。当地党组织发挥村民的积极性和主动性，动员村民积极参与新农村示范村建设，加强宣传工作倡导转变落后思想观念，加快实施农村人居环境整治和基础设施建设，全面深入抓好"三清理、三拆除、三整治"工作，完成262间农房建筑外立面整治改造，社会主义新农村建设初步完成，风貌特色较为显著。

（4）风貌塑造成效

2017年10月，碧桂园集团公司和国强公益基金会派驻扶贫团队，与连江口镇委镇政府、清远市驻连樟村精准扶贫工作队以及连樟村委会、5个村民小组村民理事会等，按照"4+X"帮扶模式，协同开展"党建扶贫·产业扶贫·就业扶贫·教育扶贫+连樟中心村新农村示范村建设"等各项工作。连樟村特色商业街、现代化农业产业园、乡村振兴英德学院、大棚蔬菜基地建设等项目相继落成，闲置小学校舍改造成扶贫玩具车间和电商物流基地，随着精准扶贫政策覆盖创业就业机会变得多起来了。2019年9月，连樟村成功建成乡村生态气象观测站和生态环境监测站，同时开通了两个5G基站成为全国首个5G村，成功通过5G网络与"2019年中国国际信息通信展"活动北京现场连线，向世界展现了连樟村智慧农业美好前景[55]，连樟村本身也成了广东乡村振兴的一张名片（图4-2-5）。

2018年10月23日中共中央总书记习近平前往连樟村考察，此时的连樟村已由广东省定向贫困村变身成了脱贫网红村。2020年7月，央视新闻报道了连樟村村民们通过发展现代农业等手段，脚踏实地地奋斗，将昔日的省级贫困村打造成了面貌一新的幸福村[56]（图4-2-6）。

2020年，连樟村纳入国家城乡融合发展试验区连樟样板区规划建设范围，在党建引领、交通先行、产业带动、农旅融合、环境提升等方面将重点着力推进，抓好农村集体经营性建设用地入市制度、完善农村产权抵押担保权能、搭建城乡产业协同发展平台、建立城乡基本公共服务均等化发展体制机制、建立生态产品价值实现机制以及健全农民持续增收体制机制等六项改革试验，增强农村发展内生动力和建立健全城乡融合发展体制机制。

图4-2-5 连樟客厅即将建成投入使用

图4-2-6 中央电视台综合频道报道（来源：网络）

2018年10月22日至25日，中共中央总书记、国家主席、中央军委主席习近平在广东考察。23日下午，习近平一行沿着崎岖的山路乘车来到广东省清远市连江口镇连樟村，走进村公共服务站、扶贫玩具加工厂车间和贫困户家中，同村民们亲切交谈。他强调，全面建成小康社会一个都不能少，在脱贫攻坚战中，基层党组织要发挥战斗堡垒作用，一任接着一任抓，一仗接着一仗打，一代接着一代干，积小胜为大胜，最后取得全面胜利。要认真抓好乡村振兴战略，在脱贫致富基础上加快推动乡村全面振兴，实现农业农村现代化[57]。

4.3 规划先行·全要素管控

4.3.1 村庄规划全覆盖农房建设制定规矩

（1）全面部署村庄规划编制

广东省住房和城乡建设厅在21世纪初开始着手村庄规划工作，主要注重村庄规划方法和强调村庄建设引导，到2018年在实施乡村振兴战略大背景下，广东省住房和城乡建设厅和广东省自然资源厅联合，开始以整县推进方式开展乡村规划全覆盖工作，主要工作模式以县为单位成立村庄规划领导小组，建立"省市指导、区县负责、乡镇组织、村庄参与"机制，先后印发《关于加快推进村庄规划编制工作的通知》《广东省村庄规划编制技术指南》，以行政村为基本单元编制村庄规划，统一工作目标、阶段任务、技术标准和工作要求，基本形成村村"一张规划图、一张项目表、一套管理规则"，目前已基本实现全省所有行政村规划编制入库管理，为全省农房管理和开展乡村风貌塑造奠定了基础（图4-3-1、图4-3-2）。

（2）扎实推进村庄规划实施

广东省在村庄规划先行指导下严格按照规划实施建设，逐步完成乡村规划建设目标任务，农房建设管理和乡村风貌塑造依托规划顺利执行，广州市于2017年印发的《乡村建设规划许可证实施办法》，明确了农村村民个人建房核发乡村建设规划许可证的申请办理程序，推进农房规划建设带方案审批制度，重点落实到场放验线制度，按图施工，各区依据实际情况制定具体的操作细则，探索将村民建房审批权限下放或窗口前移至镇街服务中心，通过统一空间规划数据平台支撑下上有效减少审批层级。全市在2017年开始建立起面向镇街办件人员培训机制，完成了所有委托下放核发乡村证镇街国土所安装政务管理审批系统，并积极推进村庄规划实施项目网络化、实时化、远程化、一站式办理。

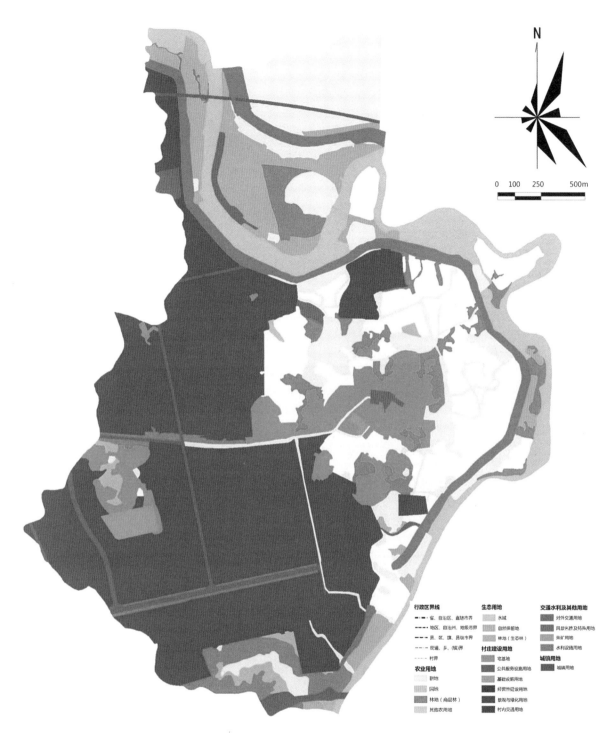

图4-3-1 鹿颈村土地利用规划图（来源：由当地村委会提供）

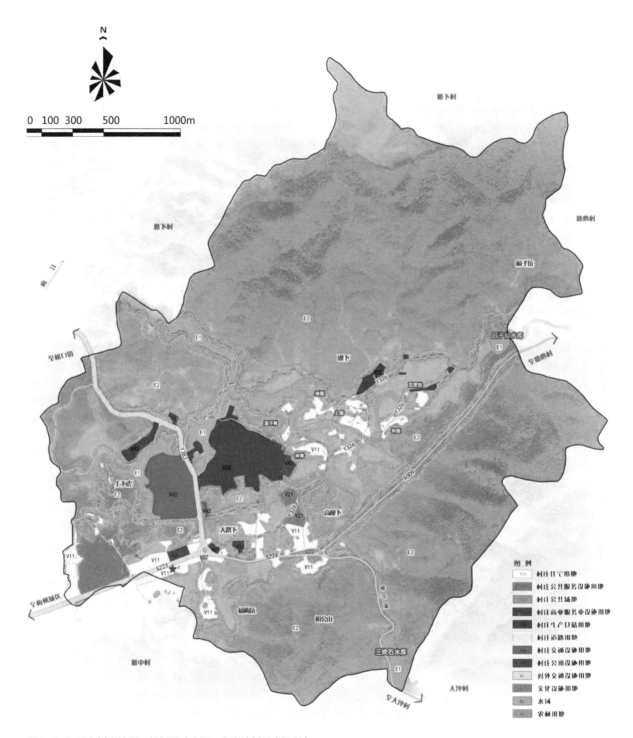

图4-3-2 雁上村土地利用规划图（来源：由当地村委会提供）

4.3.2 标准规范指引风貌建设

2016年，广东省提出整县推进村庄规划建设工作的思路，明确提出要以县为单位整体编制村庄规划，引导村庄建设。2018年4月，广东省印发《关于全域推进农村人居环境整治建设生态宜居美丽乡村的实施方案》[58]，以自然村为单元开展村庄人居环境整治（表4-3-1），随后广东省住房和城乡建设厅颁布《广东省农村住房建设管理办法》，统一农村新建住房规划建设标准塑造岭南特色乡村。

为了更科学、高效、规范地指导乡村风貌

全域推进农村人居环境整治建设生态宜居美丽乡村的实施方案　　　　　表 4-3-1

项目	任务目标	具体措施	部门分工
开展村庄人居环境整治	全面完成环境综合整治	以自然村为基本单元，组织发动群众整治环境脏乱差，推进铁路、高速公路、主要海滨河流沿线、南粤古驿道、旅游景区和邻省交界村庄的环境综合整治	省委农办、省发改委、省环保厅、省住建厅
推进生活垃圾处理	村庄保洁覆盖面和垃圾处理率100%，农村生活垃圾分类减量比例达35%和资源化利用比例达20%	加大乡村环卫设施投入，建立健全村收集、镇转运、县处理的生活垃圾收运处理体系，科学配置建设垃圾焚烧发电厂、填埋场、处理厂、转运站等综合处理设施	省住建厅
推进生活污水处理	2020年村庄生活污水治理率40%；2022年行政村建有污水处理设施，粤东西北地区60%、珠江三角洲地区80%；2027年实现村庄污水处理全覆盖	优先治理主要河流干流沿线村庄污水和河塘沟渠。积极推广低成本、低能耗、易维护、高效率的污水处理技术，鼓励采用生态处理工艺，明确分类分级排放标准，严格饮用水源水库等生态敏感区域周边乡镇村庄污水排放监管，规范排污行为	省住建厅、省环保厅、省水利厅、省农业厅
推进村道和村内道路硬化	2020年完成较大村道路面硬化，行政村安全通客车条件，农村公路列养率100%，2025年全省自然村完成村道路面硬化	全面推进乡镇通行政村公路改造、村委会通自然村道路面硬化，自然村村内道路硬化三类道路基础设施建设。因地制宜地选择水泥、砂石、砖石等路面材料，鼓励生态化铺装，落实农村公路养护主体责任	省交通厅、省住建厅
推进农村厕所改造	2020年农村厕所革命无害化卫生户厕普及率达到100%，厕所粪污得到有效处理或资源化利用	大力开展农村户用卫生厕所建设和改造，同步实施农村污染减量和粪污治理，全面普及乡村旅游公共厕所，建立健全农村无害化卫生厕所长效管护机制，推进厕所污水和粪便有效处理或资源化利用	省住建厅、省委农办、省文明办、省卫计委、省旅游局
推进村庄集中供水	2018年完成村村通自来水工程任务；2025年自然村实现集中供水全覆盖	城镇周边村庄纳入城镇供水系统统一供水。有条件的自然村采取升级改造、管网延伸等方式，实行集中连片供水，因地制宜实施农村生态清洁小流域建设	省水利厅
整治改造农民住房	2018年完成农村危房改造任务，2025年基本完成农村旧房整治工作，实现农村住房外观整洁、建设有序、管理规范的目标	对新建住房合理布局、规范建设、严格审批；对已建住房引导农民拆旧建新和开展风貌整治。拆旧土地可以适当保留原住户的土地使用权益，用于公益用地或集中连片开发入股凭证和使用权流转	省住建厅、省国土厅

项目	任务目标	具体措施	部门分工
提升村庄基本公共服务水平	2020年完成行政村卫生站和综合性文化设施建设；2022年提升行政服务、金融保险、法律咨询等水平，物流快递和光纤网络向自然村延伸	整合优化公共服务和行政审批职责，加快推动义务教育、医疗卫生、公共文化设施、社区综合服务设施等资源城乡均等配置，鼓励企业积极承担社会责任，加快实施农村电网改造升级工程，光纤网络覆盖及快递下乡工程覆盖所有行政村	省财政厅、各相关部门
提升村庄绿化美化建设水平	2020年基本消除村庄地区黑臭水体；2022年基本建成运动场地完备、广场有灯、道路有树、环境优美的宜居生态家园	鼓励有条件的地方开展美丽庭院创建活动，植绿种果发展庭院经济，加大中小河流和乡村水体生态治理，落实河长制湖长制，保护好村域水面、水质，实现河道清洁，水体流畅，水质达到功能区划标准	省林业厅、省国土厅、省环保厅、省住建厅、省水利厅
提升乡风文明水平	2018年公布省市县各级古村落保护名录及旅游开发资源目录；2020年实现文明村镇覆盖率达95%	深入开展文明镇、文明村、文明户创建活动。加强优秀传统文化保护与传承，保护农村传统民居院落、古建筑、古驿道、抗战文物、红色历史遗存等物质文化遗产	省文明办、省文化厅、省新闻出版广电局
加强村庄规划编制	2018年以县为单位完成乡村建设规划编制或修编，村庄规划基本全覆盖	以自然村为基本单元，编制覆盖自然村的县域乡村建设规划，"三线"控制纳入村庄规划，全省基本完成村庄规划入库	省住建厅、省国土厅
健全基础设施长效管护机制	2020年各县建立经费稳定、职责明确、设施良好运行的农村人居环境整治和基础设施长效管护机制	采取政府补一点、社会筹一点、村民出一点模式，设立不向社会征收、鼓励社会捐资、政府财政适度支持的政府性农村基础设施维护基金，建立稳定的维护队伍	省发改委、省财政厅

（来源：根据《关于全域推进农村人居环境整治建设生态宜居美丽乡村的实施方案》整理）

塑造，广东省2020年提出了《关于全面推进农房管控和乡村风貌提升的指导意见》，针对农房建设管控、乡村风貌提升、基础设施保障和组织管理强化提出要求，为了全省开展乡村风貌塑造工作提供框架性、方向性、基础性宏观指导，进一步提升乡村风貌塑造的规范化和标准化水平，推进农房管控和乡村风貌提升进行了全方位规范。

4.3.3 精心策划路径推进村庄规划实施

从化区吕田镇在巩固人居环境综合整治成果的基础上，新农村建设工作重点转向农房风貌管控，结合莲麻村等位于广府地区客家村落地域特点，以"尊规律、保风貌、扬长处、补短板、注味道、留乡愁"指导思想，制定《吕田镇村民个人建设非公寓式住宅风貌管控细则》《吕田镇乡村风貌建设管理实施方案》，充分挖掘提炼吕田镇特色乡村建设风貌元素，科学引导居民建筑设计，合理控制建设风貌。2015年10月至2019年5月期间，从化区先后出台《关于加快我区农村村民住宅规划建设工作的意见》《从化区农村村民非公寓式住宅规划建设管理工作指引》《从化区农村"一户一宅"核定技术指引》等文件。从化区坚持提升农村基层组织治理水平，加强基层党建工作，发挥党员先进模范作用，积极联系村民群众、帮扶群众、团结群众，做好党建日常工作为莲麻村经济建设建言献策，打造一支信念坚定、执行力强、理解乡村风貌塑造的基层干部队伍，基于合理目标编制针对性风貌提升方案。乡村规划编制还广泛听取村民发展建议意见，充分发挥"仁里集"智能平台和村民议事大厅作用，及时更新动态数据，宣传新思想、落实新政策，为乡村建设集思广益助力莲麻村产业转型发展。

"仁里集共建共治共享一键通"是广州市从化区自主打造的农村基层治理云平台，重点提升农村基层治理信息化智能化现代化水平。该平台设有"我是党员、我要知道、我要办事、群防共治"等9大功能板块。南平村申请作为"仁里集"云平台首批推广示范点，依托该平台充分开展党务政务村务管理工作，信息公开、网上办事以及农村电商等各种便民服务都是南平村的典型业务。全村共有1074人注册使用"仁里集"云平台，村民通过该平台可实时了解村中动态、规划建设信息、参与各项决策，向村委提意见建议等，可直接办理与村民密切相关的7大类23项具体业务，在线查询公安社保税务等10个部门91个事项相关信息，实现了"让群众少跑腿、让数据多跑路"。南平村充分利用"仁里集"云平台，牵头组建"党旗红先锋队""连心桥服务队""红袖章联防队"等7支群众自治队伍，推行"724"群防共治模式（七支队伍、两个平台、四个制度），进一步提升农村基层治理和建设管理水平。南平村依托"仁里集"云平台共收集村民意见建议98条，帮助解决生活生产和建设管理问题127件，全村实现连续多年没有发生大规模集体上访事件，组织开展"党旗引领+南平静修小镇建设"等系列行动，农村风貌塑造取得成效明显并推动农乡村振兴目标实现。

4.3.4 产业规划助力塑造乡村特色风貌

广州市从化区广泛宣传加强文明乡风方面道德培养，提高农民综合素质提升农村社会文明程度，加强村民思想道德培养凝聚起"崇善良·尚简朴"乡风，扎实开展"好家风""好家训"活动，继续开展"五好"等评选表彰活动。同时创新乡贤文化深入推进农村精神文明创建活动，吸引各方人士支持助力家乡建设与发展，挖掘历史文化充分利用黄沙坑等景观资源，传承扩大杨梅潭战役红色文化影响，创新文化传承形式深度展现客家民俗特色，尝试将红色旅游、民俗文化与风貌建设相结合，塑造了村民精神凝聚力、归属感和自信心。

因地制宜打造特色产业：一是推进带动"莲麻小镇"发展龙头产业，协调跟进花海观星酒店、汉源会议中心、长寿矿泉水厂等重点产业项目，为莲麻村经济社会发展提供有力支撑。二是打造一批适合"莲麻小镇"发展旅游配套项目，依托莲麻村的自然资源优势，引入休闲养生、农业观光、娱乐旅游等配套项目。三是鼓励村民打造一批酒坊、民宿、特色作坊等产业项目，依托"莲麻小镇"品牌引导村民开办酒坊，并根据当地特色泡制火龙果、百香果等果酒和鸡血藤、灵芝草等养生酒，不断扩大酒坊规模，打造特色乡村酿酒坊增强"莲麻小镇"酒文化氛围，同时发展吕田豆腐、腐竹、茶叶、蜂蜜等传统特色产业。

美丽乡村提升居住环境：一是因地制宜打造果园采摘休闲产业，鼓励村民种植符合当地气候条件经济果树，例如柚子、枇杷、百香果等植物，形成种植经济创收同时提高产业规模，此外在林业专家指导下种植一批观赏性树木，丰富莲麻村生态内涵向生态观光产业发展；二是按照环保有关要求大力维育既有生态资源，保护流溪河源头生物环境的多样性与丰富性；三是严格控制开办民宿、酒馆、酒坊和特色作坊污染排放，从农业灌溉、垃圾处理、禽畜圈养等方面入手，提高村民维护村容村貌自主意识，营造更整洁、更有序地莲麻小镇。

企业帮扶鼓励创新创业：一是依托莲麻村特色酒坊、手工作坊和生态旅游产业，鼓励村民进行创新创业发展企业形成群体效应，并在经济、资金、政策方面给予补助扶持；二是在农林种植、禽畜养殖、酒类酿造等加强对村民专业知识技能培训，定期开设相关产业辅导和农村工匠培训课程，组织安排相关大专技能院校老师到村教授知识；三是积极学习经营建设相关知识规范村民经营行为，针对酒坊民宿、酿酒产业、生态旅游等产业链经营学习，完善公司管理水平增强运营管理能力，使莲麻村经济社会可持续健康发展支撑风貌塑造。

4.3.5 莲麻村——规划先行培育客家文化特色产业小镇

（1）村庄基本概况

莲麻村位于广州市从化区吕田镇中心村，由客家人迁居形成于清朝中期，因村内种的莲麻树而得名，北接韶关新丰、东邻惠州龙门，是广州市最北行政村和流溪河源头。全村总面积约40平方公里，林地5.35万亩、耕地1400亩、森林覆盖率89%，共有11个村民小组、422户1545人。莲麻村地处于城镇规划建设用地之外属于"城郊村"，保留了自然耕作基础、自然条件优越、环境十分优美。莲麻村规划上属于广州市乡村旅游产业发展片区，产业发展为依托自身区位优势以及农业种植产业，发展生态农业观赏业和乡村体验旅游业[59]（图4-3-3）。

图4-3-3 莲麻村现状全貌鸟瞰图

（2）村庄规划建设

莲麻村结合上层规划指导要求和自然资源条件分析，提出其发展定位是"广州北极·流溪河源"。广州北极是指莲麻村地处广州市最北端，生态区位独一无二、田园风光优美、民风淳朴踏实；流溪河源是指莲麻村位于流溪河发源地，天然远离喧嚣污染，自然山清水秀，生态环境优越。规划旅游定位为依托乡村生态和资源禀赋，发展以家庭自驾旅游为主的民俗文化游、田园休闲游、户外运动游等郊野旅游项目，加强内自然景观与人文景观之间的联系。

环境风貌和旅游发展规划按"山、水、田、围、村"自然格局，以生态、生产、生活为体系构建，以生态廊道塑造、景观节点打造和特色景观建造为重点，规划建设多个自然景观与人文景观在内的节点，重点建设以中一社和中二社为核心的"一心两翼"区域，东西两翼建立生态旅游和休闲健身的特色休闲场所。莲麻村充分挖掘生态环境潜力，利用自然资源条件和人文环境优势，打造生态休闲和康养旅游集群项目，通过增强游客参与项目提升游览体验（图4-3-4）。

总体风貌及色调选择以建筑组团形式进行控制，同一组团一般采用同种色调风格规划。既有建筑宜采用黑、白、灰、青、黄等色系，新建建筑应采用黄、白、青、绿等色系墙面，配以蓝、灰色系坡顶，山墙多用悬山和硬山等客家村落常用形式，建筑屋顶、瓦面、墙砖、饰面等尽量不要采用反光材质，屋脊、门窗、檐口等建议采用客家风格的砖雕、石雕、木雕进行装饰。建筑外门宜用实木门面配以麻石门框，新建建筑风格应与现状保留的传统民居相协调[60]。

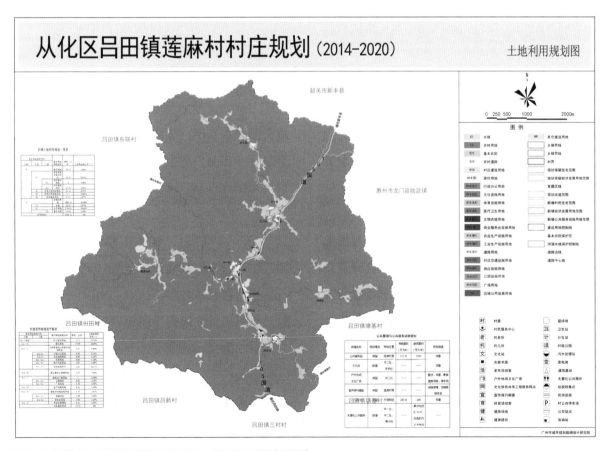

图4-3-4 莲麻村土地利用规划图（来源：由莲麻村村委会提供）

（3）乡村风貌塑造

农村住宅规划建设管理遵循"统一规划先行、节约集约用地、严格一户一宅、依法报建审批、保障质量安全、遏制违法建设"原则，符合经济、适用、环保、美观的要求，体现地域特色、乡村风貌和历史文化[61]。具体措施包括以下：

统一规划先行、节约集约用地：莲麻村通过统一村容村貌规划设计引导农房风貌，村民可在从化区农村村民住宅设计单位库中选择设计单位，农户与设计单位签订《从化区农村村民住宅设计合同》。设计单位必须根据《从化区农村村民住宅建筑风貌指引》，按照实用、安全、经济、协调、美观原则，出具规划设计报建图和建筑工程施工图，同时考虑外立面装饰材料选择和色彩搭配个性美，保持当地建筑风貌特色并与村庄整体协调。乡镇主管部门在规划核实时对建筑风貌进行核对，符合规划报建可纳入建筑风貌财政专项补助范畴。

严格一户一宅、依法报建审批：按照国家法律农村村民1户只能拥有1处宅基地，每户村民住宅建筑基底面积原则上不大于80平方米，建筑层数不超过3层、建筑面积不超过280平方米，建筑高度包括梯间和功能用房不大于14米。乡镇政府加强对设计方案、合同手续、放线验线、施工质量等管理，对有规划覆盖、有审批许可、有设计图集、有持证工匠、有安全施工、有规划核实的新建住宅，给予规划放验线费、规划核实测绘费等资金补助和建筑风貌专项资金支持，按规划核实面积50元/平方米、每户最高可达2.1万元奖励。

保障质量安全、遏制违法建设：从化区实行农村建筑工匠持证上岗制度，工匠通过专业培训和考核合格后，取得《广东省农村建筑工匠培训合格证》，可以承接农村住宅建设工程。建设主管部门利用《从化区农村建筑工匠持证人员管理手册》，记录入册建筑工匠承接工程、安全生产、继续教育培训等情况，根据技术水平、承建能力、质量评价等建立工匠分级管理制度，目前从化区有持证上岗农村建筑工匠600余人，通过推动引导农民依法依规自建住宅，协助风貌管控措施政策法规落地，规范农村建筑工匠队伍管理保障质量安全。

（4）风貌塑造成效

2016年3月，莲麻村以从化区发展特色小镇为契机，引进了第一家酒坊企业——莲麻酒业，利用村内闲置的防空洞建成260米酒窖、可藏酒约300吨，同时引进超过30家传统酒作坊落户，经过发展，当地形成面积超过5000平方米的"酒鬼街"，各家分散经营集中管理形成产业集群，突出打造酒文化主题产业（图4-3-5）。结合"流溪香雪""千年古道""瓜田画廊""阡陌花海"等景观资源，形成了集生态休闲、观光旅游、酿酒体验等项目。莲麻村利用当地种植的柚子、枇杷、灵芝草、鸡血藤等泡制养生酒，通过新产品的开发和新技术的学习不断扩大酒坊群规模。

莲麻村所在广州市吕田镇是抗日战争时期粤北战区的重要战场，其中黄沙坑是中国共产党东江纵队主要活动区域。莲麻村依托这段红色历史和保留遗存建筑，在2015年挂牌成立黄沙坑东江纵队从化大队活动基地，以黄沙坑纪念馆为主导推动红色主题旅游发展。广州警备区委托从化区武装部进行黄沙坑革命旧址纪念馆建设，并于2016年9月正式对外开放，其后经过多家企业和当地村民联合扩建，目前纪念馆总面积约500平方米，再现了抗日战争时期东江纵队在粤北会战时历史，现已成为广东省

图4-3-5 莲麻村百家酒坊入口

图4-3-6 黄沙坑革命旧址纪念馆

图4-3-7 莲麻村华夏莲舍主入口

内具有代表性的爱国主义教育基地（图4-3-6）。

　　莲麻村在建设过程中为了更好地展示传统客家建筑特点，积极通过与大专院校合作对既有客家建筑进行修缮。2016年广东华夏学院通过租赁加改造的方式，将空置客家泥砖房屋打造成华夏莲舍民宿，同时该院还在莲麻特色小镇投资约600万元，将旧居民楼改造成供大学生课外使用的美术素描基地，一方面可用于教学成为高质量美术写生培训基地，提升从化等地区学校美术教学水平能力；另一方面素描创作成为莲麻村美丽乡村艺术名片，充分利用改造建筑，增强莲麻村乡村风貌

景观塑造效果，带动当地居民就业，使经济得到发展（图4-3-7）。

　　自2014年12月定为广州市美丽乡村示范后，莲麻村积极落实乡村振兴战略和风貌管控措施。2013年至2017年的四年时间，莲麻村收入由人均1万元、集体11.6万元，提高至人均2.86万元、集体70万元。2016年莲麻村评为"广州名村"；2017年取得"国家美丽宜居村庄示范村""全国环境整治示范村""广东省文明村"；2018年又获"广东十大明星小镇""全国民主法治示范村"等荣誉，乡村风貌塑造成功带来社会效益和经济效益得双丰收。

4.4 项目统筹·一体化推进

4.4.1 三个一体化协同推动美丽乡村工程

2019年3月，广东省省委、省政府发布了《关于对标三年取得重大进展硬任务扎实推动广东省关于推进"千村示范、万村整治"工程的行动方案》，全省以万村整治为基础、以示范创建为引领，努力再现岭南特色乡村风貌，提出具有广东特色的农村人居环境整治建设思路。在"千村示范、万村整治"行动指引下，发展打造示范引领1000个村带动生态宜居美丽乡村建设，全面整治提升全省1.97万个行政村人居环境。广东省住房和城乡建设部门围绕"资金、项目、流程""三个一体化"工作框架，统筹推进、分类示范、分批实施探索建设生态宜居美丽乡村，以翁源县为例具体来说"三个一体化"模式包括以下内容：

资金使用一体化（即整县范围内各级各类资金统筹使用）。面对乡村建设极其有限的资金实施统筹，创造性地提出以自然村为资金使用管理基本单元，统筹过去三年内各级、各类、各项资金使用情况，重点落实扶贫、交通、水务、住建、农业、林业等涉农资金，建立规划—设计—审批—施工—竣工—验收—结算整套资金使用流程，以项目为基础按使用类型分级落实资金使用情况。

项目推进一体化（即县域内各村整治提升项目联动协同）。翁源县在项目管理方面以是否具有营利性为评判依据，按照乡村振兴示范性改造项目分为经营性、准经营性和非经营性

三种类型，以镇为单元将同类型项目合并提供一体化推进策略，通过归类将项目在统一模式下标准化推进实施，同时增强各项目间协同合作和合并管理，促进全县范围内乡村振兴建设项目同步推进实施。

行动流程一体化（即规划设计建设运营整体流程一体化）。在行动组织方面推行设计建造联合跟进，整村改造项目一般会挑选省内各大设计单位牵头，规划师、设计师、工程师等相关专业人员驻场，组织各专业施工部门协同推进落地实施，做好项目实施策划统筹提升行动效能，确保项目改造成效和有效降低实施成本，提前请运营单位介入让一体化流程工作贯穿项目运营过程。

翁源县政府印发了《创建省级社会主义新农村示范村规划设计运营一体化项目管理及资金使用办法》，强调项目管理过程中应形成以村民为主导，汇聚政府部门、村民主体、专家团队、社会力量协同的工作机制，涵盖了规划立项决策、人居环境整治、基础设施建设、公共服务完善以及新建农房管控等，规定了项目管理、规划审批、资金使用以及建设监督四个方面管理流程，每个工作环节都详细说明了需提交文件和反馈时间。例如建设项目在规划审批环节，设计成果公示不少于30个日历天后提交给镇政府，镇政府管理部门需在3个工作日内提出审查意见，然后县住房和城乡建设局需在10个工作日内组织专家评审，项目流程一体化后整体加快了工作进程，提高了工作效率。

4.4.2 涉农项目资金统筹使用

2018年和2019年，广东省安排区域协调发展战略专项资金用于城乡规划建设、农村人居环境改善、村镇建设培训补助等资金2.32亿元，在《省定贫困村创建社会主义新农村示范村项目和省级资金管理的补充意见》[62]，下达各市县省级统筹实施项目涉农资金共241亿元，明确统筹相关资金加强村庄规划编制工作。根据《广东省涉农资金统筹整合实施方案》[63]，规定市县统筹实施乡村振兴建设项目，资金按规定分类审批后整体下达，资金额度不必细化至具体项目，市县农业农村主管部门结合实际具体确定急需安排的项目。例如广东省级财政在下达2019年涉农资金时，指导性任务资金占市县统筹实施项目资金总额55%，市县可将多数省级补助资金统筹用于建设相关涉农项目，市县主管部门可结合当地实际因地制宜制定补助标准。根据《广东省涉农资金统筹整合实施方案》文件有关规定，以建立全省涉农资金统筹整合长效机制为目标，配合省级涉农资金统筹整合专项目录和操作规程，促进资金高效、目标一致、标准协同、集中使用，解决资金管理体制机制问题，课题组将其中重点内容整理如表4-4-1所示：

《广东省涉农资金统筹整合实施方案》重点工作分解   表4-4-1

行业内涉农资金整合	归并涉农资金：在预算编制阶段对交叉重复的省级涉农资金清理整合，制定省级涉农资金统筹整合专项目录，明确每类资金牵头部门并实行动态调整
	设定任务清单：由市县统筹实施省级涉农专项转移支付实行"大专项+任务清单"管理模式，市县主管部门因地制宜在清单范围内调整优先实施项目
	提高运作效率：涉农资金根据项目性质按照专项目录分类，分为省级组织实施项目和市县统筹实施项目，精简资金下达频次同步下达资金与任务清单
	建立绩效评价：省级各类涉农资金牵头部门会同相关业务主管部门，定期评估各级资金使用项目实施情况，形成涉农资金绩效考核报告报省财政部门
推进行业间涉农资金统筹	加强规划协调：通过编制统一规划方案引领涉农资金统筹，省市业务主管部门提前谋划和策划，加强对县级统筹整合涉农资金的规划引领和工作指导
	专项集中统筹：以专项资金为载体推进行业间涉农资金统筹，按照省级涉农资金统筹整合专项目录，实现每类专项资金由一个部门牵头一个主体责任
	试点先行示范：各市县选取1~2个试点示范村庄，将涉农资金集中投入一些领域，引导资金积极试点村集中投入实施，通过示范引领集中财力办大
	发挥整县统筹：以县级财政为单位结合本地实际，加强性质相同、用途相近的涉农资金统筹使用，按照轻重缓急原则在规定范围内自主统筹使用资金
	相近项目衔接：促进功能互补用途衔接的涉农资金集中投入，市县级要统筹安排各类功能互补项目的涉农资金，推动同一区域乡村振兴战略统筹实施

改革完善涉农资金管理体制机制	理顺管理机制：针对农村地区专业人才匮乏，管理流程和制度滞后的实际状况，加强管理制度体系建设，对涉农资金管理制度进行清理、修订和完善
	下放审批权限：凡是由县级实施更为便捷有效资金管理，省市主管部门依法将具体项目审批权限下放至县或用款单位，赋予县级更大统筹资金自主权
	做实项目清单：各级业务主管部门和财政部门要做实做细涉农资金项目，至少提前一年储备具备实施条件的项目，并对项目库内的项目实施动态管理
	加强资金监管：省级层面加强对各地的指导培训和督导管理，各类涉农资金牵头部门要会同业务主管部门，对约束性任务清单执行情况进行督导检查

（来源：根据《广东省涉农资金统筹整合实施方案》整理）

4.4.3 区域推进协同整合连线成片项目

广东省典型地区在乡村风貌塑造过程中，鼓励全省各县域间充分利用区域资源，在打造特色品牌基础上以一体化景区为发展方向，沿河、沿路、沿山、连片协同一体化规划。县域利用村与村之间整合优势资源，集中发展优势产业形成连片景观风貌，发展规模逐步扩大形成集群式发展态势，在美丽乡村基础上建设聚集性产业集群发展模式，以乡村群叠加成效促进乡村组织建设，各县域基本形成特色鲜明美丽乡村群。乡村人居环境和基础设施得到明显改善，进一步促进了新型农业和第三产业的整体振兴。以广州市从化区为例，整个片区基本形成四个特色美丽乡村群，包括以生态旅游为主导的吕田镇莲麻魅力乡村群，以"静思、静修、静养"为主导的温泉镇南平美丽乡村群，以研学为主导的鳌头镇西塘村美丽乡村群和以创新创业为主导的良口镇生态设计美丽乡村群[64]。四大乡村群组团连片开发打造村庄联动品牌，从化区列入2020年度农村人居环境整治成效明显名单，莲麻村、南平村、西和村等日渐成为从化美丽宜居村名片。

县域内各村整治提升项目联动协同另一案例是莲江村，也是珠海市莲洲镇推动省级新农村示范片区建设主体村之一。该村前期全村工作以岭南民居保护为中心，依靠乡村风貌改造开展项目推进一体化试验，通过"生态+旅游+农业"发展模式吸引企业投资建厂，重点发展第三产业建设优化全村产业结构，大力发展绿色农业和生态农业，十里莲江、停云小镇、岭南大地、逸丰生态园等多家企业逐步进驻。同时，为加强该村与周边村庄整体性规划和一体化实施，莲洲镇制定《莲洲镇省级新农村连片示范建设总体规划》《莲洲镇八村乐新农村建设组团协调规划》规划，从交通动线组织、基础设施改造、公共空间布局、产业合作升级等方面做出指导。以"十里莲江"项目为例，政府统筹将集体用地和村民闲置土地流转给企业，整村实现"以点带面、连片开发、整体推进"，企业借助村庄发展绿色经济、生态产业和旅游项目，村民通过门票创收、就业薪酬、房屋出租、股息红利等增收渠道，共建共赢促进村企收入提升和风貌塑造明显。

4.4.4 行动流程协同加快工作推进速度

韶关市翁源县在省住房和城乡建设厅支持下开展一体化试点，逐步成为"三个一体化"工作模式典范。自2017年11月提出"省级社会主义新农村示范村规划设计建设运营一体化试点县"，翁源县围绕着"三个一体化"工作框架开展试验，按照"一环、五线、六片"总体规划布局，积极探索整县统筹、分类示范、连片带动、分批推进，积极探索建设生态宜居美丽乡村"一体化"模式。通过统筹整合整县涉农资金项目，明确"规划—设计—审批—施工—竣工—结算"各项流程，提出以自然村为基本单元组织资金使用和项目实施的工作制度。设计贯穿整个建造过程行动流程方面，翁源县结合"三师下乡活动""大师小筑"等相关活动，经过近一年半的试点实践改善了全域农村人居环境，形成了"政府—村—企业—专业团队"多方联动格局，探索了有效应对乡建过程中参与各方统筹、规划编制组织、规划成果落地等问题的操作模式和规划方法。

在规划设计阶段，通过项目建议书、可行性研究、工程概预算等专业团队与村委有机衔接，充分了解、引导、落实村民需求，在广泛开展多个行政村乡村规划设计全覆盖同时，建立起规划师、设计师、工程师等持续跟踪制度，基本保持每两周下村驻场服务工作密度，保障规划设计充分了解村民需求，从源头上保障落地项目实施效果，并跟踪建设将村民意愿转化为建设成果。

在施工建造阶段，采用"专业项目经理+当地农民工匠"为主体模式，不仅确保大范围分散施工组织有效性，带动当地工匠技能提升

还促进就业。同时根据各村资源和施工现场情况，驻村规划师、设计师、工程师进一步引导村民合理需求，由设计团队和施工团队共同进行必要修改，实现施工阶段设计方案与实际情况高度契合，提高规划设计施工建设工作的包容性和落地性[65]。

在项目使用阶段，乡村风貌塑造行动结合"三师下乡"活动，通过设计建造团队全程跟进项目，采用定期回访制度形成设计施工改造流程闭环。鼓励规划师、设计师、工程师等专业人员定期回访，在村民后续使用中出现问题可以做到及时解决，尤其是在空间品质提升、建筑控制节点、环境景观小品及基础设施使用等重点征询村民，结合实际使用体验决定是否进行一定再改造。

4.4.5 青云村——打造三青片规划建设运营一体化示范

（1）村庄基本概况

青云村位于龙仙镇东南部，是省级贫困村，下辖20个村小组、面积42平方公里，全村898户3224人。村庄拥有耕地2970亩，山林34508亩，青云山自然保护区和青云省级森林公园位于村内，现有青云山红扁豆和青云山鹰嘴桃两处专业合作社。当地经济收入主要是水果蔬菜和特色作物种植，休闲旅游项目以桃花观赏及水果采摘为主，部分土地作为油茶种植、土鸡饲养和鱼塘养殖等。从2016年至2019年，当地乡村振兴初见成效经济发展明显提速，集体经济收入从11万元升到21万元，人均可支配收入由9800元增至17158元。

青云村乡村建设工作在翁源县驻村规划师政策支持下，引进华南理工大学乡村振兴与发

展研究院团队，调动村民、村委、社会乡贤、村民理事会等多方参与到美丽乡村建设中来，总体目标确定为提升人居环境、增加村民收入、完善水电基础设施、拓宽村内道路等，集中力量对全村环境、建筑风貌、公共服务设施及市政基础设施进行整治。青云村作为翁源县"三青示范片"先行实践基地，在2018年广东省住房和城乡建设厅认定为生态宜居美丽乡村建设培训教育基地，2019年被选为广东省设计下乡和美丽乡村共同缔造的教学实训基地。（图4-4-1）

（2）村庄规划建设

青云村提出创建翁源县首个"规划设计施工运营一体化先行示范区"、规划定位为粤北地区美丽乡村环境整治标杆和中国乡村人居环境典范，打造集现代绿色农业、乡村振兴培训、生态森林旅游、乡村文化休闲、田园健康养生等功能于一体，乡产、乡建、乡文、乡风、乡治文明协同的示范村庄。2020年5月，为了响应省市政府号召、提升农房建设水平、改善农村居住环境，翁源县县委、县政府发布《关于推进农房管控风貌提升的实施意见》，翁源县住房和城乡建设局随后组织编制《翁源县农村住房设计方案图集》，提供多种具有当地特色农村住房建筑设计方案，促进新建农村住房统一风格和美丽乡村风貌塑造。青云村动员村民自己动手将破旧危房全部清理拆除，村中建起了休闲广场、健身设施、洁净公厕、石板小巷、农村书屋、阳光垃圾房等民生公益项目，通过村容村貌提升改善农村人居环境，青云村村民大大增加吸引力、自信心和幸福感。

青云村进一步优化完善村庄规划和建设指引，落实从"环境整治"走向"美丽乡

图4-4-1 青云村现状全貌鸟瞰图

村"路线，以创建粤北地区农村人居环境整治标杆为目标，总体上形成"点上出彩、线上成景、面上美丽"生态宜居美丽乡村新格局。青云村内万安桥有一段历史悠久的古驿道，规划为未来青云村翁源县古驿道旅游的重点，可结合"平步青云徒步活动"项目进行连片规划建设，按其设计方案建议完善路牌、小品、标识等基础配置，注重历史原真性、风貌协调性和材质地域性。青云村还计划充分利用古驿道举办相关体育比赛活动，举办青少年夏令营和"定向越野""绿野寻踪"等活动，让人们走进古道沿线古村带动村庄人气，增强对古村遗存、自然资源和广东文化的了解，目前正以万安桥古驿道作为区域联动纽带，围绕粤北地区传统村落与客家文化特色连片发展，将青云村、湖心坝、八卦围等节点连片集中建设，成为广东省级社会主义新农村示范村的先行示范。

（3）乡村风貌管控

2020年4月，翁源县住房和城乡建设管理局联合农业农村局、自然资源局发布《关于规范翁源县农村住房建设管理的通知》，要求严格执行农房建设管理制度、审批条件、报建流程和质量监督，从农房建设的用地规模、建筑间距和整体风貌，到政府管理的审批条件、建设流程及质量监管都做了详细规定。为进一步规范全县农村住房建设管理工作，翁源县还成立了"农房管控风貌提升工作领导小组"，切实加强农房风貌管控助力乡村振兴战略，塑造乡村风貌推进生态宜居美丽乡村。领导小组制定了《翁源县2020年农房管控工作方案》，对农房建设的目标、范围、步骤、分工做出详细规定，并提出建立工作例会、通报观摩学习及考核奖惩制度等保障措施。青云村在政府部门

指导和专业队伍帮助下，遵循"风貌延续、修旧如旧、新建协调"原则，根据建筑功能、地域特征、整体风貌等相关因素，主要对危破旧房和影响整体风貌的建筑进行整治。

青云村将风貌塑造规则通过村民集体决议成为乡规民约，例如：鼓励屋顶形式采用本地屋顶或假瓦房平屋顶，坡屋顶坡度应与传统做法一致并且颜色协调；假瓦房平屋顶可采取传统砖铺、夯土、沥青、青瓦、暗灰色瓷砖防水屋面；屋顶排水推荐采用传统做法和砖、石、瓦、陶等排水构件，不允许采用塑料或亮色金属排水管；外立面现状墙体完好具有地方特色的应完全保存，墙面色彩部分脱落的应当进行表面修整；建筑外墙改动较多、墙面表层脱落、色彩褪变严重、墙体部分破损等影响风貌情况，应当刮掉原有墙面老化材料整修铺贴防水层，整饬后建筑墙面色彩可以考虑统一采用石灰刷白；建筑风貌按客家民居风格尽量统一采用灰白色系，主体材质采用砖石贴面辅以淡黄色涂料或白色干粘石。建筑外部门窗以现状保留维修为主，保留结构完好的栏杆窗花构件进行表面修整，严重破损的门窗应当尽量保留原来的色彩材质，可以使用新型防火耐久材料按原规格重新定制；门窗鼓励使用传统原木门窗或塑木门窗，并且使用透明玻璃以及带有民俗花纹图案玻璃，不建议使用鲜艳的彩色系涂料、铝合金材料和不锈钢门窗[66]。

（4）风貌塑造成效

作为人居环境综合整治和社会主义新农村建设的示范村，青云村近三年共投入资金近4000万元，基本完成了20个村民小组人居环境整治，以及村内道路硬化、垃圾收集、污水处理、路灯安装等民生项目，全村20个村民小组完成自来水安装、水质安全达标且稳定供应，

村民卫生厕所、垃圾收集和污水处理设施全部普及，乡村风貌塑造、农村新房建设和既有房屋改造得到有效引导。青云村重视建设村民聚集活动公共活动空间，结合景观资源优势、农业生产特点和居民活动路线，各自然村入口空间统一设置青云村入口处特色标识，乡道与省道交叉口处设置村级入口公园，周边环境绿化用桃树为骨干树种配以繁花灌木，注重建筑材料乡土化、地域性和较低维护成本。青云村建昌围风水塘曾被用作垃圾堆场和纳污水体，加上日积月累的垃圾导致水塘呈现"脏、黑、臭"的情况，青云村民通过机械设备挖运淤泥垃圾将水塘清理干净，然后在池底重新铺装泥沙、引来溪流活水、种植水生植物，风水塘改善池内景观后呈现出干净整洁的全新面貌。（图4-4-2）

青云村认为农田耕种也是一种农业风貌景观资源，公共空间采用农业耕种与休闲场地相结合设计，针对现状闲置土地和荒废建筑进行再利用，将空置小学校舍改造成为乡村振兴培训学院，打造成翁源县乃至韶关市乡村学术和休闲旅游首选地。翁源乡村振兴培训学院由韶关市市委市政府作为牵头单位，整合广东省

"三师下乡"志愿者组成讲师团成员，成为服务粤北的省级生态宜居美丽乡村建设培训教育基地。2018年8月，广东省住房和城乡建设厅正式为培训学院挂牌"广东省生态宜居美丽乡村建设培训教育基地"，主要涵盖五大核心业务板块：乡村振兴主题教育培训、乡村规划建设管理培训、农业农民技能培训及实训、客家文化餐饮及乡村民宿配套、乡村建材展览展销[67]。目前学院已举办了四批次乡村质量安全监督员培训班、二期农村建筑工匠培训班、累计培训超过1000人次，承办了全省首期生态宜居美丽乡村建设培训班、全市软弱涣散村党支部书记培训班，培训对象包括镇村两委干部、党员村民代表、农村建筑工匠，以及全省各地城乡规划、乡村振兴、建设管理等政府部门和规划设计单位干部。（图4-4-3）

韶关市翁源县的"三个一体化"试点实践，不仅实现了52个示范村农村人居环境蝶变，还培育了"县—镇—村—专业团队"建设队伍，创造性地提出"行动规划·协同设计"，形成贯穿规划设计建设运营的乡村规划与设计实践工作模式，引导一批产业项目进驻乡村，有效带动村民就业。

图4-4-2 青云村建昌围街巷

图4-4-3 乡村振兴培训学院

4.5 三师下乡·育南粤工匠

4.5.1 专业志愿者行动激活南粤古老驿道

早在2014年前，广东省副省长许瑞生在韶关市下乡调研过程中，发现乡村建设人才极其匮乏，部分技术单位使用城市规划手法编制乡村规划，在城市非常成功的技术手段移植到乡村却非常不适应，为了响应中央提出的乡村振兴和生态文明的发展战略，他意识到需要有针对性地开展乡村建设人才培养。在许瑞生的倡导下开始组织工程技术人员下乡帮扶活动，广东省开始了专业志愿者下乡参与乡村建设活动，一批资深规划师、建筑师、工程师主动进行下乡服务，之后慢慢有更多的专业人士投身到乡村振兴志愿活动中。2014年9月，广东省第一批"规划师、建筑师、工程师专业志愿者下乡服务"活动在中山市三乡镇古鹤村展开，通过专业志愿者首批历史传统村庄结成义务帮扶伙伴，就如何更好地帮助乡村科学规划建设展开交流讨论。到2015年，第一批志愿者们齐聚广东工业大学开展周年活动，与会专家总结"三师下乡"活动取得阶段成效显著，民间参与"三师下乡"活动专业志愿者非常踊跃，出现了众多志愿者争抢帮扶村庄名额情况，美术家、音乐家、教师、律师等也纷纷行动起来，开展"艺术下乡""教育下乡"等志愿帮扶活动。2016年12月"广东省三师专业志愿者委员会"在广州市成立，兼任全国政协委员的许瑞生建议全国推广"三师下乡"行动。

从2016年开始，广东省在南粤古驿道保护工作中大力推行"三师下乡"活动，组织编制了《广东省南粤古驿道线路保护与利用总体规划》《广东省古驿道保护与修复指引》《广东省古驿道标识系统设计指引》等文件，从各个角度规范各地古驿道保护利用工作。到2018年，中共中央、国务院颁布《关于实施乡村振兴战略的意见》（以下简称《意见》），提出鼓励社会各界投身乡村建设，以乡情乡愁为纽带，建立有效激励机制，吸引支持党政干部、专家学者、教师医生、企业家、规划师、建筑师等专业人才，通过下乡担任专业志愿者、投资兴业、捐资捐物、支教行医、咨询顾问等方式服务乡村振兴事业[68]。该《意见》有力推动"三师"专业志愿者活动持续开展，同时利用好古驿道开展文创活动，充分体现了民间开始重视乡村建设和地域特色。广东省借助南粤古驿道保护建设塑造沿线村庄风貌，通过乡村与文化、体育、旅游、农业等产业体系要素融合，构建广东省"一核一带一区"发展格局起到积极作用，南粤古驿道活动成为广东助推乡村振兴新名片。

4.5.2 人才下乡成效影响深远

自2014年许瑞生倡导开展"三师下乡"行动以来，志愿服务乡村队伍从最初的规划师、建筑师、工程师，逐步扩展为相关专业的大学生、企业家、艺术家等，专业人才报名加入乡村义务建设工作成为人才下乡新模式。到2020年底，"广东省三师专业志愿者协会"注册专业志愿者979名、登记注册专职单位43家，随后细化衍生出"设计师下乡""艺术家下乡""驻村规划师""社区设计师"等专业行动，成为解决乡村振兴专业人才缺口的有效方法。以汕头市东里镇樟林村为例，东里镇是著名侨乡，也是汕头市"海丝申遗"点之一，具有鲜明的"潮侨文化""海丝文化"特色，樟林古港在清朝时期曾是粤东对外贸易第一大港，在古港河周边分布有市级以上文物保护单位7处、较有价值的历史建构筑物18处。樟林村也是潮汕红头船故乡与南粤古驿道重要节点，其独特的历史遗存、文化优势和海外影响力，使乡村风貌塑造和管理工作受到高度重视。樟林村在2019年结合三师下乡、乡村振兴、建筑活化等活动，启动"南粤古驿道·樟林古港示范段"建设，樟林村的风貌塑造和文化建设工作取得了显著成果。

"三师下乡"活动对乡村人才建设形成了强烈示范作用。人才下乡强化基层村庄规划建设管理机构建设，迅速提高乡村基层工作队伍中的专业人才规模和建筑设计、城乡规划、工程勘察等单位技术骨干，通过委任、兼职、聘请顾问或驻村服务等多种方式，相对固定到乡村任职或到对口村庄提供服务，为乡村风貌塑造工作提出专业性指导意见。广州市充分利用各行业协会所掌握的丰富资源，以区为单位定期组织"美丽乡村"设计竞赛，引导设计大师们依照地域特色设计农房建筑，集中开展特色风貌精品村庄设计，形成示范效应。江门市等地注重挖掘培养农村工匠提升农村建设质量，建立健全的农村工匠管理制度，提高知识水平，加强业务技术培训传承地方特色建造手艺，开展建筑名匠培育、评选、认定、命名制度，乡村工匠成为收入相宜令人尊重的本土技能型人才，在特色建筑塑造、传统技艺传承、

助力乡村复兴方面成为中坚力量。珠海市建立乡村人员信息建筑工匠数据库，对专业施工人员进行动态化柔性管理，推进数据库工作提升乡村建设科学水平，及时录入村庄信息做好风貌塑造成效评估工作。

4.5.3 设计先行创乡村风貌塑造新模式

乡村振兴、设计先行，在乡村振兴战略实施过程中应把设计放在"先行者"位置，按照《住房和城乡建设部关于开展引导和支持设计下乡工作的通知》《广东省住房和城乡建设厅关于推进全省设计下乡工作的通知》[69]，广州市和江门市等地住房和城乡建设局积极推动设计下乡工作，组织动员有关行业协会和本地设计单位，鼓励熟悉本地、热爱乡村、业务精通的技术骨干，引导建筑、景观、市政、文化策划、城乡规划、艺术设计等队伍，以及规划师、建筑师、工程师和艺术家等专家，开展设计下乡活动，提高乡村风貌塑造建设水平，通过设计下乡改善农村人居环境，助推乡村振兴。江门市塘口镇作为广东省"设计下乡"试点镇，积极探索"设计下乡""人才下乡"工作机制，江门市住房和城乡建设部门推进示范引领，引导设计力量下乡参与农村人居环境整治工作，实现了高水平乡村建设、塑造了高质量乡村风貌、展现了高品位侨乡特色。在江门市各级住房和城乡建设部门的指导下，以及企业、高校、规划设计单位等专业力量的支持下，塘口镇通过创建"党建引领+设计下乡"模式带动，充分调动基层动力、激发市场活力、彰显文化定力，形成了可复制、可借鉴、可推广的经验示范带动效果。（图4-5-1）

广东省设计下乡示范镇示范片区建设项目库																
序号	项目类型	项目分类	项目名称	空间位置		建设规模		合同项目	投资估算	资金筹措	主管部门	协作部门	进度安排		是否符合土规要求	实施要求
				自然村	位置	数量	单位		总额（万元）				2019.6.28	2019.12.31		
1	基础设施完善行动	道路交通	兴仁村-村道硬化拓宽	兴仁村	兴仁村村内道路	1560	㎡	强亚村委会美丽宜居乡村示范点建设项目	1400	政府资金	塘口镇政府	宅群村委会	√		符合	硬化路段长约260米，宽6米，居民点东北侧活动广场，设置6米宽的硬化道路，作为村内主要通行的道路
2			庙边村-村道道路硬化	庙边村	庙边村内道路	360	㎡			政府资金	塘口镇政府	强亚村委会	√		符合	将原有泥土路面进行硬化拓宽，形成6米宽的车行道，长度约60米，连接两侧交通路线，方便后期车辆进出村落
3			祖宅村-道路硬化	祖宅村	碉庄旅游区至祖宅村入口	350	㎡			政府资金	塘口镇政府	强亚村委会	√		符合	从碉庄门口到祖宅村北侧景观广场处，路面已经破损，需要破除后进行硬化修复，长度约70米，平均宽度约5米
4		集中供水	自来水管主管更换	兴仁村	村民居住点范围内	261	m			政府资金	塘口镇政府	宅群村委会	√		符合	将兴仁村东北侧的自来水管主管进行更换为新的水管，管径为DN**
5	村容村貌	水系景观提升	水塘美化提升1	兴仁村	村内池塘	3000	㎡			政府资金	塘口镇政府	宅群村委会	√		符合	对现有池塘驳岸进行修复，设置安全栏杆，两个池塘相交处的小路两侧，设置自然生态驳岸，种植绿化亲水植物
6			水塘美化提升2	庙边村	村内池塘	2500	㎡			政府资金	塘口镇政府	强亚村委会	√		符合	结合滨水小游园的建设，将原有驳岸进行局部修复，设置仿木预制混凝土栏杆，并且对池塘周边场地进行清杂、覆绿
7			水塘美化提升3	祖宅村	大榕树旁	4800	㎡			政府资金	塘口镇政府	强亚村委会	√		符合	结合景观游园的建设，对滨水驳岸进行修复建设，局部设置毛石驳岸，沿着大池塘周边的驳岸采用自然驳岸的形式，种植亲水植物
8		标识系统	入口标识牌改造提升	兴仁村	村内主入口	200	㎡			政府资金	塘口镇政府	宅群村委会	√		符合	结合原有的入口景墙，对景墙周边的杂草进行清理，采用鹅卵石等材料进行收边收口，修复原有石碑，将碑文上的文字重新上金漆
9			入口景观提升	庙边村	门牌坊正对面三角区域	440	㎡			政府资金	塘口镇政府	强亚村委会	√		符合	沿着原有大树底下的空间，进行清理、新增景墙，环塘毛石驳岸，增加仿木混凝土栏杆，园区铺砖，保留神龛周边空间，形成休息场所
10			交叉路口景观优化	庙边村	强亚楼对面	150	㎡			政府资金	塘口镇政府	强亚村委会	√		符合	拆除违规建造物，明渠加盖板变暗渠，空地绿化处理
11		环境美化	步行小径提升	兴仁村	两个池塘中间区域	100	㎡			政府资金	塘口镇政府	兴仁村村委	√		符合	大小两个池塘中间的原有小路进行路面提升，设置铺装，结合两侧的生态驳岸，形成趣味的步行小径，连接休息亭与主路
12	公共服务设施完善行动	公共场地	休闲活动广场	兴仁村	广场	2500	㎡			政府资金	塘口镇政府	宅群村委会	√		符合	活动广场设置绿化休闲小游园、标准篮球场、路灯、设置休闲座椅、运动器材等，结合场地特点种植植被、绿化
13			停车场建设	兴仁村	厕所旁空地	230	㎡			政府资金	塘口镇政府	宅群村委会	√		符合	结合原有荒地，设置生态停车场，停车位数量根据现场面积布置即可，并且将原有场地的破烂排水渠进行修复，形成暗沟
14			休闲小游园	庙边村	强亚楼对面	720	㎡			政府资金	塘口镇政府	强亚村委会	√		符合	结合原有荒地，设置游园小路，种植绿化植物，设置休息坐凳，形成休闲小游园
15			滨水小游园	庙边村	村内池塘边空地	1140	㎡			政府资金	塘口镇政府	强亚村委会	√		符合	结合池塘边的荒地，设置休闲平台、游园小径以及使用耐候钢设置结合花坛设置休息区，场地内依据地形进行堆坡、种植绿化
16			强亚楼周边景观提升	庙边村	强亚楼旁	1530	㎡			政府资金	塘口镇政府	强亚村委会	√		符合	结合强亚楼改造，对周边环境以及北侧的水塘进行景观提升，围绕强亚楼进行铺装与花坛建设，预留停车位，结合池塘设置景观亭、亲水平台，提供娱乐休闲的活动空间
17			滨水休闲小游园	祖宅村	大榕树周边	4177	㎡			政府资金	塘口镇政府	强亚村委会	√		符合	结合居民点北侧的荒地以及池塘周边，设置休闲游园，结合花池设置休息座椅、榕树下休闲空间，场地以印花水泥为主，种植绿化，池塘周边的小路进行修整建设，铺设印花水泥，并且将原有公厕进行改建，形成休息亭
18	村庄建设管理行动	建筑改造	强亚楼改造	庙边村	强亚楼	166	㎡			政府资金	塘口镇政府	强亚村委会	√		符合	将原强亚村村委会外立面改造
合计									1400	备注：本项目的完成期限均为2019.12.31，但是由于2019.6.28是重要的时间节点，因此主要的项目均需在6.28前完成90%的工作面，后续补充细节。						

图4-5-1 广东省设计下乡示范镇示范片区建设项目库（来源：由当地村委会提供）

塘口镇搭建“镇级党委政府+设计下乡队伍”的工作组框架，通过党建引领统筹+设计下乡专业服务支撑+村委村民全程参与。党委政府在各个环节均充分发挥了统筹领导作用，坚持决策共谋、发展共建、过程共管、效果共评、成果共享的“共同缔造”理念，发动广大乡贤及村民积极关注并参与环境整治工作[70]。镇政府各部门与驻村服务团队构成“乡村振兴建设小组”，发挥党员先锋模范作用组织群众开展农村人居环境整治，引导村民主动腾退多占空间、配合拆除违建、支持工程实施。塘口镇借助高校、企业、乡贤等社会多边工作力量，培育“建筑—景观—市政”“文化策划—城乡规划—艺术设计”专业队伍，组织了一批高水平、有情怀、接地气专业队伍下乡服务，开展“镇域乡村振兴规划—示范片区规划设计—跟踪项目建设实施”全过程下乡服务，形成政府—村民—企业—专业团队多方联动的工作格局。镇级党委政府+村委+专业团队共建矛盾协调组合，形成24小时矛盾协调机制及时处理建设问题，有效引导村民需求，组织当地村民参与施工建设，提供人才下乡引驻各项在地保障措施，为文化产业打造相关众创空间激发设计活力，为设计师开展“设计下乡”长期持续服务提供支撑。

4.5.4 工匠培训成乡村人才可持续路径

乡村工匠是指在乡村中熟练掌握技术技能、在乡村工作中踊跃为乡村建设做出积极贡献、能起到技术示范推动作用的技能型人才，他们主要为从事工程相关行业的建筑工匠。广东省极力推崇工匠精神、促进建筑行业发展、助力经济转型升级。广东省住房和城乡建设厅在2016年开始进行“传统建筑名匠”评选，2017年认定“广东省工程勘察设计大师”，2018年举办“南粤工匠”人才高峰论坛，2019年命名14间工匠人才创新工作室，通过系列激励行动将工匠精神不断发扬光大，支持建筑行业工匠人才发挥示范带头作用[71]。2020年6月，广东省颁布《乡村工匠培训和评价试行办法》，政府通过加强政策支持和职业技能培训，培养服务于乡村的建筑管理和施工人员，推动农村工匠队伍素质和技术提高，切实保障乡村工程质量和安全建设，为了建设生态、宜居的乡村风貌夯实基础。

（1）人才培养：实施特色乡村技能培训

汕头市等地创建校企合作共育"南粤工匠"模式，推动职业院校和培训机构在乡村设班开课，联合乡贤企业家、农村合作社、村集体企业创建特色培训课程，重点支持乡村企业采取线上或线下的方式，向乡村企业农村户籍员工开展适岗训练、技能提升、学徒培育。广州市和江门市等地大力发展建筑工匠、栽培养殖、粤菜师傅等专业，开发具有岭南特色和适合乡村发展的精品课程，指导各职业院校紧贴农村工匠培养特点、扩大涉农专业规模、落实学生资助政策，支持各类院校、培训机构、合作单位建设乡村工匠培训中心，承担乡村工匠的技术培训和课程开发等任务，对于建设乡村工匠培训基地单位给予补贴。

（2）政策扶持：创业人员可获多项补贴

茂名市加大对乡村创业工匠人员扶持政策力度，建立健全农村建筑工匠评定标准和管理制度，提高乡村建筑工匠的知识水平和建造技术，乡村工匠可以申请享受创业扶持政策：创业培训补贴、租金物管补贴、带动就业补贴、创业担保贷款等。湛江市对于自主择业、灵活就业、专业难以找到工作的乡村工匠，以及贫困户劳动力等有就业困难人员创办企业帮助档案，按规定执行社会保险补贴、岗位补贴等就业扶持政策。清远市和韶关市积极扩大就业和创业渠道，大力开发乡村工匠就业岗位，开展返乡创业

孵化基地认定工作并给予相应补贴，鼓励乡村工匠结合项目参加各类创业创新大赛，促进工匠人才与政策、资本、项目、服务的有效对接，鼓励城乡劳动者投入到乡村振兴产业发展。

（3）服务农业：劳动力返乡就业获补贴

清远市和韶关市支持乡村工匠为农业发展做出贡献，鼓励劳动人才返乡就业、支持传统特色工艺传承、帮助产业链条服务延伸，支持技艺技能高、行业影响力大、技能贡献突出的优秀乡村工匠建立大师工作室，提供大师工作室建设资金及大师津贴，通过政府引导、互助合作、社会参与等方式，支持乡村工匠在工程建设、农艺园艺及网站制作等领域提供服务，帮助增加产品附加值延长农村产业链条，加快形成"一镇一业·一村一品"发展项目。梅州市在开展乡村工匠技能大赛方面，支持政府、企业、协会根据现代农业发展需要，组织开展乡村工匠职业技能大赛，推动乡村工匠的技艺交流和岗位练兵，对于承办竞赛项目单位给予财政补贴，参与技能竞赛并且获奖的乡村工匠给予资金奖励。

4.5.5 樟林村——培育熟悉热爱潮汕文化乡土人才队伍

（1）村庄基本概况

汕头市樟林村地处粤东地区韩江三角洲平原澄海区东里镇，北邻莲花山生态度假区、西邻隆都前美桥文化旅游区，位于粤东地区潮州—南澳文化休闲旅游主线路上，是在粤东各市历史人文资源游学的主要节点。东里镇总面积为35.77平方公里、海岸线长2.5公里，国道324线、省道335线贯穿境内，樟林村位于东里镇中部呈东西向带状，水路通过南溪河、义丰

图4-5-2 樟林村现状全貌鸟瞰图

溪与海湾相连。樟林古港是海上丝绸之路的起源地之一,早在清代中叶便活跃在国际舞台上,以其优越的地理位置成为粤东地区乃至华南地区出海贸易的重要港口,繁荣兴盛达百年以上,被誉为"通洋总汇",具有鲜明的"海丝文化""潮侨文化"特色。

早在2014年,樟林村已被评定为"广东省古村落"之一。2016年"樟林古港至新兴街古驿道"被列为南粤古驿道示范段;同年12月樟林古港被评为"广东十大海上丝绸之路文化地理坐标";2017年樟林古港保育活化项目再获广东省宜居环境范例奖;随后连续两届"南粤古驿道定向大赛"均在此举行;2019年樟林村被住房和城乡建设部列入"中国传统村落"名录,西塘村、锡庆堂、樟林古港等3处成为广东省省级文物保护单位,樟林古港入选"汕头新八景"之一,古港片区的观一村、新兴街村获评"广东省文化和旅游特色村"。樟林村在

古港河周边分布有省市级文物保护单位7处,登记不可移动文物或较有价值历史建筑共18处,是汕头市"海上丝绸之路文化遗产"集中景点之一(图4-5-2)。

(2)村庄规划建设

樟林村积极参与规划师、建筑师、工程师的"三师下乡"行动,邀请广东省内各大专业院校和规划设计单位,为其进行规划布局、景观提升、风貌塑造编制方案。2016年委托汕头市澄海区规划设计研究院编制《东里镇历史文化保护规划》;2017年邀请深圳城市空间规划设计有限公司制定《樟林古港古驿道文化线路保护利用综合规划》,邀请了"三师志愿者"为村内环境综合整治提供专业建议;2019年委托广东工业大学团队为樟林古港示范段做巩固提升工程设计,新增旧堆场小广场、驿道文化小品和各类文化解说资料,提升古港驿道的保育活化程度和历史文化氛围。樟林村又邀请汕

头大学古文化研究团队为博物馆编制展览陈列大纲，谋划樟林古港博物馆改造提升和古港大楼周边规划建设，更新展馆内部设施、丰富馆藏内容和优化展示形式，同时融合"潮""侨"文化特色，将古港大楼周边规划集美食、民俗、文旅、休闲等功能休闲广场。

按照澄海区规划设计研究院编制的《东里镇历史文化保护规划》（以下简称《规划》）（图4-5-3），樟林村规划结构为"一心、一轴、四片"，一心即樟林古港综合服务中心，一轴为古港河景观轴，四片是古港口片区、南盛里片区、新兴街片区及西塘片区，规划功能定位：以居住、旅游、休闲为主要功能，兼商业、服务、农业等衍生服务，建设具有宜人的生活环境和地方特色的侨乡文化生态带[72]。《规划》提出将古港公园打造为红头船主题公园，改造升级镇文化活动中心作为红头船博物馆，并利用东里镇文化活动中心北侧空置用地，配套建设古港综合服务中心服务设施，包括：潮汕民俗风情街、游客服务中心、主题度

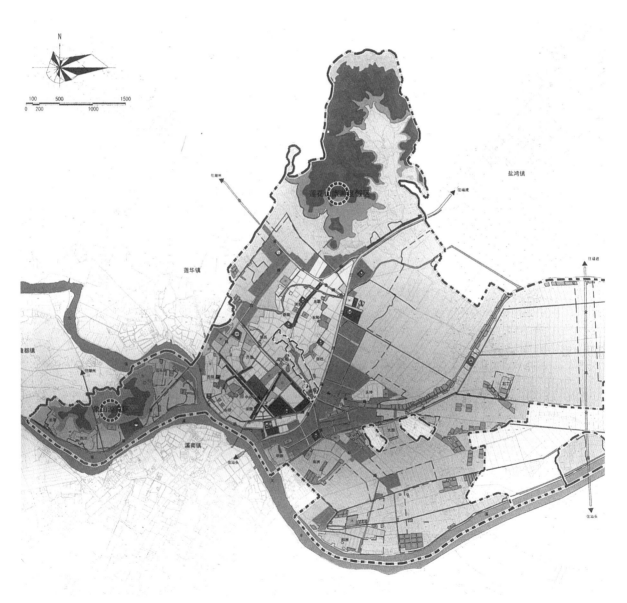

图4-5-3 汕头市澄海区东里镇历史文化保护规划土地利用现状图（来源：由当地村委会提供）

图4-5-4 蓝氏通祖祠建筑群

图4-5-5 南盛里街巷建筑群

假酒店、公共停车场等。地方政府希望在文物得到充分保护的前提下，抓住机遇、向上延伸、向下拓展，整合樟林古港景观与周边历史文化资源，大力发展旅游体验、文化创意、商业服务等新兴业态，让樟林古港历史文化资源"活"起来，真正实现历史文化记忆的传承传播。

在广东省城乡规划设计研究院编制的《樟林古港古驿道环境综合整治实施规划设计》中，樟林古港将打造成"一河、两环、五街、七巷、多节点"的景观结构[73]："一河"将以古港河为主脉络串联起两岸的景观结构；"两环"提出重点建设滨水内环与车行外环的交通脉络；"五街"包括新兴街等五条街巷纵向连接的慢行空间；"两岸七巷"则是滨水路串联古港路与秦牧路的横向空间。此外，樟林村还建设古港广场、水文广场、戏台广场、新兴街广场四个广场，以及民俗庭院、宗祠庭院、名人庭院、古码头庭院四个庭院。樟林古港是近代潮汕地区人民出海的重要港口，也是近代较早、较多吸收外来文化的地方，这里的建筑在保持潮汕原有特色风貌的同时，又巧妙地融入了外来建筑先进技艺，例如南盛里街巷和蓝氏通祖祠都是近代"中西合璧"的典范，极具建筑风貌美学和历史文化价值，与具有潮汕基因

的永定楼和新兴街等建筑，共同构成具有潮汕特色风貌的典型建筑群。（图4-5-4、图4-5-5）

（3）乡村风貌管控

2017年以来，按照汕头市市委市政府在乡村建设方面工作部署，樟林村深入推进农村人居环境"三项整治"和美丽乡村"九项建设"，"乱搭乱建"得到清拆，"乱堆乱放"得到整治，"垃圾杂草"得到清理。樟林村先后开展沟渠池塘整理、水体环境治理、卫生配套管理，先是建设古港河截污管网和实施引水冲污工程，截流周边居民区直排入河的生活性污水，铺设涵管从韩江引清水净化古港河；然后利用生物技术等手段加强水体清污清淤，组织机械清理两岸垃圾杂物和河道淤积，提升古港河及其周边环境质量和风貌管控；同时推进古港河片区农村环境综合整治，建设污水处理厂集中处理沿线截污管网收集的生活污水。在东里镇的支持下强化风貌管控，开展整治违章建设乱象行动，拆除各类违章建筑物270多宗、7000多平方米，通过古港河两岸沿线拆迁成功打通两岸滨水步道，保证樟林古港保护建设场地和风貌管控必须范围。村委集体还加强文明倡导，宣传引导村民养成文明卫生习惯，制定"樟林古港环境干净整洁守则"等卫生管理配套措施，

引导村民"护河爱乡行动"，自觉维护本村卫生环境和乡村风貌。

在贯彻乡村振兴战略和南粤古驿道修复与活化利用行动中，樟林村提出"保护古港历史、建设优质景观、提升文化品位、塑造特色风貌"，分别在古港河边和永定楼前增加古港广场和休闲广场两个群众活动空间，建设环古港河的立面整饬、滨水步道、绿化景观和灯光亮化工程，建造"红头船原型"文化仿真景观区和"南粤古驿道"少年儿童绘画艺术围墙等，设计安装信息柱、指引牌、解说词等标识系统，根据游憩需要布设艺术雕塑展示区和休息设施配套区，全面提升樟林古港整体风貌和环境质量。樟林村在自身经济条件有限的情况下积极作为，争取省级、市级的农村建设或专项引导资金，延伸樟林古港的绿道、碧道、古驿道的建设，增加建设古港路、支渠路、博物馆等景观风貌工程，挖掘樟林古港片区的文化特色和休闲体验。2019年东里镇邀请广东工业大学团队为樟林村进一步提升关键节点建设，建设古港文化廊、扩建古港博物馆、修复提升永定楼、加固改造新兴街等重要节点，提升樟林古港的保育活化程度和历史文化风貌营造。目前文化廊正在施工建设、永定楼已经启动修缮、旧堆场完成场地平整，樟林村正通过人才振兴推动精品节点建设、塑造古村风貌、讲好樟林故事。

（4）风貌塑造成效

汕头市从2019年开始举办农房建设培训班，围绕"保护古建筑、建设新农居、培养好工匠"目标，从潮汕传统村落、村庄规划、农房建设等分析解读，为规范农民建房和塑造特色风貌提出科学建议，推动农房建设、农业升级、农民发展和农村进步，以乡村人才振兴推

动乡村产业振兴和文化振兴。东里镇深挖本土优势产业、特色技能和传统工艺，支持特色工艺申报省市专项职业能力项目，结合传统建筑修复培养人才，特别是砖雕、灰雕、木雕、漆画等稀缺专业人才。樟林村高度重视历史风貌的完整性、原生性和专业性，坚持"只拆新违建、不拆旧建筑""修旧如旧、还原历史"，要求原汁原味地保留传统村落和历史风貌格局，需要大量多层次、懂技术、高水平的专业人才，熟悉潮汕人文风俗和长期研究当地建筑文化，献身当地乡村振兴事业提供专业技术服务。樟林村以历史文物保护和乡村风貌塑造为切入点，委托建筑工匠对永定楼、新兴街、锡庆堂等传统建筑进行修缮，包括：蓝氏宗祠檐口嵌瓷装饰修复技艺、传统民居凹肚门楼修复工艺以及垂庆里五行山墙传统修复工艺等较为传统建造技术，使得当地传统建筑细节得以原汁原味保留，有效维护樟林古港周边的历史文化和特色风貌。

南粤古驿道是指自秦始皇出兵统一岭南至民国初年广东省辖区内用于传递文书、运输物资、人员往来的运用传统技艺修造的交通道路体系。2016年以来，广东率先在全国开展古驿道保护修缮和活化利用工作，樟林村古驿道被选为广东省南粤古驿道示范段之一，参与"三师下乡"专业志愿者对其规划设计发挥了重要作用。规划师志愿者首先着重从空间进行分析研究，将古驿道遗存的"点""线""面"元素进行串联，规划打造新兴街前广场、永定楼文化街、古港河滨河步道、红头船纪念广场等重要节点。樟林古港是潮汕人民沿袭"红头船精神"的具象载体，保留文化印迹、传承内在精神、活化文化内涵的保护利用才具有最大意义。建筑师志愿者以古港河两岸为核心设计滨

河步道，通过道路慢行系统整治将巷道打通，顺利串联街巷线性空间与河岸公共绿化景观，使"历史空间脉络"真正活跃起来。工程师志愿者对历史建筑群周边环境进行整治，经过对文化、街巷、水系的梳理，利用开敞空间和河岸闲置空地进行景观改造。传统建筑工匠将质量工艺技术等因素作为本案活化特色，借此激活这些具有价值的历史文化建筑工艺，让"红头船"寓意继续乘风破浪指引整个古港走向蔚蓝大海。（图4-5-6）

经过"三师下乡""驻村规划""专业服务"等借助外部人才，结合"南粤工匠""人才帮扶""技能培训"及干部队伍建设，樟林村在专业人才带领下整体风貌得到较大提升，樟林古港通过治理河道水体清澈、生态环境优美，传统村落持续提升基础设施完善、卫生状况良好，历史建筑保存完好，整体风貌塑造、更有文化魅力。通过"三师志愿者"等专业人才引导，得到"南粤古驿道"等设计方案启发，樟林村整村历史文化遗产保护得以重视，文化商业旅游相关产业得到合理规划布局，对樟林村整体风貌活化利用起到重要推动作用。

图4-5-6 樟林村古港河红头船原型仿真文化景观区

4.6 遗产活化·塑文旅新风

4.6.1 历史文化遗产奠定了乡村风貌本底

广东省拥有独特的岭南地理环境和丰富的历史文化遗存，其中国家历史文化名城8座，分别是广州、潮州、肇庆、佛山、梅州、中山、惠州和雷州，国家级历史文化名镇15个、国家级历史文化名村22个。广东省结合乡村振兴战略、文化遗产保护、特色风貌塑造等目标，在历史建筑保护、文化风貌塑造乡村文化振兴等方面积极行动。2011年7月，广东省通过了《广东省非物质文化遗产条例》，作为国家《非物质文化遗产法》地方性配套法规，构成广东省深入开展非物质文化遗产保护工作的坚强保障。2018年启动"非遗传承·法律护航"系列活动，加大对非遗保护相关法律法规的贯彻落实与宣传力度。广东省在历史遗产保护方面率先建立专家委员会制度，全面开

展全省历史建筑普查建立历史建筑名录，强化历史建筑规划并合理确定历史建筑范围，及时开展历史建筑抢救性保护和必要修缮维护，加大力度对传统村落风貌控制和鼓励历史建筑活化利用。

广东省省委、省政府始终重视对文化遗产的保护与利用，相继印发《关于加强历史建筑保护意见》《广东省贫困村不可移动文物资源目录》《广东省贫困村可开发利用的不可移动文物资源目录》系列文件。2014年10月广东省省政府印发《关于加强历史建筑保护意见》（表4-6-1），以"依法保护·严格管理·传承利用"为基本原则，重点工作围绕"合理确定历史建筑范围、建立专家委员会制度、全面开展历史建筑普查、加快建立历史建筑名录、强化历史建筑的规划管理、及时开展历史建筑抢救保护、加强历史建筑修缮维护、鼓励历史建筑活化利用、加大传统村落保护力度"等九大任

广东省加强历史建筑保护重点工作　　　　　　　　　　　　　　　　　　　　　表4-6-1

目标		建立覆盖全省历史建筑保护名录，开展全面有效保护，形成系统完善的历史建筑保护体系和长效管理机制
原则	依法保护	加强历史建筑保护法制建设，深化落实历史建筑保护管理工作
	传承利用	提高活化利用水平，实现"保护促利用·利用强保护"双循环
	严格管理	发挥党组织主导作用，加强城乡规划统筹，建立健全管理机制
措施		按照"应保尽保、能保则保"的要求确定历史建筑保护范围和建设控制地带
		成立省市县级城乡规划委员会下属的历史建筑与传统村落保护专家委员会
		在各地级市县开展全面历史建筑普查，以县为管理单元建立历史建筑名录
		强化历史建筑规划管理、加强历史建筑修缮维护、鼓励历史建筑活化利用

（来源：根据《广东省人民政府办公厅印发关于加强历史建筑保护意见的通知》整理）

务展开[74]。为了各地文化遗产更具针对性、合理性、有效性地进行保护利用，广东省文化和旅游厅相继出台《粤东地区文物保护利用行动计划》《粤北地区文物保护利用行动计划》《粤西地区文物保护利用行动计划》等文件，实现文物保护利用工作科学化、规范化、精细化推进。

4.6.2 遗产保护利用成果显著

广东省在历史文化遗产保护方面以整体性、原真性、延续性为原则，在尊重自然气候地域差异、保障人与自然和谐发展的同时体现岭南人文景观特色，积极利用绿道、碧道、游道、古驿道等线性带动，统筹乡村振兴、精准扶贫、历史遗存、文化塑造、旅游开发等进行活化利用。2017年，国家《历史文化名城名镇名村保护条例》修订，强调对于历史文化街区、历史建筑、名镇、名村的分级控制保护建设，在进行申报的时候应列出不可移动文物、历史建筑清单、传统空间格局和周边风貌现状。各个历史文化名城分别出台《广州市历史文化名城保护条例》《惠州市历史文化名城保护条例》《佛山市市文化街区和历史建筑保护条例》，分别从历史资源保护、城乡建设规划、活化利用前景等提出要求。

2019年粤港澳大湾区共同提出了历史文化游径精品路线；2020年广东省公布第一批64条历史文化游径，通过突出红色旅游元素宣传广东红色历史；2021年广东省又公布第二批6条历史文化游径，主要围绕着"东江纵队抗战""东征革命历史""海上丝绸之路""六祖禅宗文化""岭南名人故里""华南教育历史研学基地"六大主题进行规划，以探访革命历史和解读文化特色为核心内容，涵盖历史建筑、文物古迹、乡村风貌同时兼具岭南特色内涵，以遗产保护利用带动沿线市域、镇域、村域建设发展。广东省还利用假日自驾游积极打造非遗主题旅游路线，通过粤东文化遗产体验游、粤西海上丝绸之路文化游等沿海经济带路线，感受粤剧、广彩、潮绣、山歌、雷戏等岭南特色非遗项目。

2019年，广东省住房和城乡建设厅等单位将省内重点文物进行串联，联合香港、澳门打造大湾区文化遗产游径，让城市保存记忆、让村庄留住乡愁，将与绿道、碧道、古驿道等线性设施有机连接起来，保护历史遗产、活化文化资源、充实城市内涵、塑造乡村风貌。具体以《粤北地区文物保护利用行动计划（2018—2020年）》为例，课题组结合文件梳理相关工作进展整理如表4-6-2所示：

粤北地区近期文物保护利用行动计划重点工作 表4-6-2

重点工程	具体任务
文物保护固本提升工程	全面提升不可移动文物保护力度，完成粤北地区省级以上文物保护单位"四有"工作，划定必要保护范围，做出标志说明，建立科学记录档案和组织具体负责保护人员
革命文物展示利用工程	加强粤北地区原中央苏区文物、抗战文物等革命文物的认定与调查，发展红色旅游，支持革命老区振兴发展
客家民居保护利用工程	加强梅州、韶关、河源、清远等地客家民居保护与利用工作，保护客家围龙屋及其周边环境，注重文物日常保养维护，依法落实文物保护措施，加强文物周边环境风貌保护

重点工程	具体任务
少数民族遗产保护利用工程	加强粤北地区瑶族、壮族、畲族等少数民族集聚区保护，加大财政投入力度和各项基础工作，编制好少数民族文物古迹整体保护规划，落实好非物质文化遗产保护措施
古驿道保护利用工程	挖掘保护线性历史文化空间，将有历史价值古驿道升级为文物保护单位，促进保护利用项目与绿道建设、精准扶贫、文化旅游、全民健身、农村人居环境改善等相结合
大遗址保护重点工程	推动粤北地区大遗址保护利用工作，实现大遗址本体和环境安全，做好规划和保护措施促进大遗址对外开放
博物馆开放惠民工程	提升文博事业惠民水平，完善博物馆公共服务功能，建设一批生态博物馆、社区微型博物馆和特色专业文化馆
文物合理适度利用工程	鼓励支持粤北地区利用互联网开展精品文物、精品展览数字产品制作推广，推动文物与教育、文创、动画、旅游等领域的跨界融合，合理利用建筑本来功能和历史风貌

[来源：根据《粤北地区文物保护利用行动计划（2018—2020年）》整理]

4.6.3 遗存活化利用引领特色风貌主题

近年来，南粤古驿道价值挖掘和保护利用工作在广东大规模展开，全省活化古驿道示范线路8条、共300多公里，推进修复古驿道重点线路11条、共740多公里，保护修缮一批沿南粤古驿道旁的传统村落和历史遗迹。2016年，广东省编制《广东省南粤古驿道线路保护与利用总体规划》《广东省古驿道保护与修复指引》《广东省古驿道标识系统设计指引》等文件，从各个角度规范各地古驿道保护利用工作。广东省借助古驿道串联挖掘沿线散落的历史遗存和景观资源，通过多种方式以道兴村对古驿道及沿线农村活化修复，促进乡村振兴、发展全域旅游、带动产业兴旺、帮助农民增收，实现精准脱贫，推动南粤古驿道与现代农业、旅游产业、文化事业等融合，打造南粤古驿道综合品牌效应。广东省住房和城乡建设厅按照古驿道文化特色规划乡村风貌，结合南粤古驿道沿线的古镇、名村、老街等历史印记，规划建设251个融合文化、旅游、产业、生活等文化特色乡镇。广东省文化和旅游厅策划古驿道户外运动项目，利用古道、步道、风景道、水道等古驿道线路载体等特色资源，开展户外运动项目发展"南粤古驿道"体育产业带[75]。2020年6月13日，韶关市丹霞山在举行"世界文化遗产日"活动，发动"全域旅游行动·广东人游广东"健康出行系列活动，粤港澳大湾区文化遗产游径、韶关市非物质文化遗产游和历史文化游精品线路等同场发布，全方位展示了广东省全域文化遗产保护、乡村风貌塑造和旅游事业发展新成果。

世界文化遗产"开平碉楼与村落"则奠定了江门市五邑地区乡村风貌塑造主题，开平碉楼最多时有3000多座，现存数量经统计为1833座，主要分布在塘口、赤坎、百合、蚬冈等镇。开平市根据《开平碉楼与村落遗产管理规划》划定保护范围，保护核心区480公顷、周围缓冲区2680公顷，核心区内新建、改建建筑的层数不超3层、高度不超12米，在碉楼保护核心区内基本不予审批工业项目，缓冲区内不予审批污染项目，核心区与缓冲区的设置明确界定了碉楼保护范围。保护开平碉楼不仅需要保护建筑单体本身，而且需要保护好碉楼周围乡村环境，碉楼与村庄的生态环境是一个生命共同整体，构成了开平侨乡地区独特的建筑形态与文化景观，保护规划要求开平碉楼建筑与周边环境协调，真实完整地展现侨乡地区深厚历史文化底蕴。"开平碉楼与村落"申报世界文化遗产过程中，灰雕工艺是碉楼建筑艺术的重要组成部分，作为民间工艺列入国家级非物质文化遗产名录，开平市加大灰雕工艺保护力度，将现有较重要的灰雕作品通过三维扫描数字记录存档，并且注重该项非遗工艺的人才培养和技术传承。目前很多碉楼已出现墙壁崩裂、地基下陷、横梁锈蚀等现象，部分老旧碉楼甚至随时都有可能倒塌的危险，因此抢救维修碉楼成为保护工作的关键。开平市为"开平碉楼与村落"设置保护管理办公室，与清华大学、同济大学、华南理工大学、广东工业大学以及五邑大学等建筑、结构、历史、文物等专家团队建立了长期稳定的学术交流。

4.6.4 四个闭环创新塘口文化旅游模式

2019年，广东省住房和城乡建设厅选取塘口镇为设计下乡试点镇，探索助力"美丽乡村·共同缔造"，制定设计下乡工作机制。塘口镇重点借助历史文化资源活化发展乡村旅游业，按照"一心、一轴、一带、五片区"空间结构规划建设，以岭南特色的农耕文化、华侨文化、碉楼文化为主题，推进文化观赏产品、

养生度假产品、亲子体验产品等旅游项目建设，打造高水准田园、碉楼、侨乡慢生活文化旅游区。塘口镇规划提出主题公园入口印象区、古韵人文风情体验区、山水田园休闲度假区、侨乡文化亲子感悟区、绿色有机种植观赏区五大主题发展格局，逐渐形成了红色资源、文化遗产、网红塑造和创意开发四个模式闭环。

开平市充分利用世界文化遗产形成文化品牌优势，探索出把"红色文化"与旅游开发结合的富民强镇模式。江门五邑地区是著名华侨之乡，诞生了大量爱国华侨志士，开平市继承红色基因、挖掘红色资源、弘扬红色文化、开辟红色线路，塘口镇谢创故居、沙塘镇劳培故居、月山镇万隆客栈、百合镇周文雍故居、赤坎镇邓一飞故居等都得到开发发展，红色文化名片完善旅游资源建设推动乡村产业振兴。塘口镇打造赤马线发展轴，展示碉楼建筑、岭南村落、多彩田园的美丽乡村风貌；整合人文历史资源，形成自力村、稻香园、立园碉楼、广陵水乡等红色精品线路，传承红色资源和旅游开发相结合打造塘口旅游"黄金圈"。

"开平碉楼与村庄"成功纳入世界遗产名录，引起了人们对华侨文物保护的广泛关注，塘口镇现存各式碉楼563座，是开平市现存碉楼最多的地方，世界文化遗产"自力村碉楼群"和"立园"均坐落于塘口镇内。塘口镇通过积极争取上级资金以及动员村民乡贤支持，累计投入4000万元资金大力推进全域人居环境整治，开展美丽乡村建设，强亚村被定为美丽宜居乡村示范点，以点带面加快旧墟片区基础配套设施建设。塘口镇在开平市的支持下完善基础配套设施和旅游项目营销，建设了一批高质量、有特色、差异化的文化旅游项目，打造珠江三角洲乡村旅游

特色目的地，形成以旅游引导、三产联动、城乡融合的文旅产业聚集地。

旧礼堂咖啡与自助图书馆最初是塘口镇小礼堂，活化改造后由旅游投资有限公司运营，一楼为咖啡阅览区、二楼为休闲图书馆，藏有文化旅游和建筑设计类书籍1300多本，成为游客们研究、了解碉楼和文化休闲的打卡点，吸引了不少年轻作家进驻创作当地文学，为古老塘口注入了青春活力。青创基地原是一间建于20世纪80年代的制衣厂，作为粤港澳大湾区"青年文创小镇"网红项目，通过活化旧制衣厂给文创小镇带来更多活力，改造成了侨乡文化展示区、乡村旅游打卡点、创意企业孵化器等功能，打造青年创客交流和展现创意活力"赋能"基地，青创基地开业助力塘口"青年文创小镇"发展。（图4-6-1）

塘口镇借着2020年8月"七夕等墟"节日，在青创基地举行"中国侨都博士后大讲堂暨塘口·在地创生论坛"，来自粤港澳三地关注塘口镇发展乡村的建设者，共同聚焦"顺流·逆流——唤醒乡村内生力"在地创生主题。为期三天三夜的活动带给各地区各行业人们思想的火花碰撞，吸引了近5万人次游客参加该"创意集市"活动，50多个市集商家在现场摊位带来沉浸式商品体验，来自不同地区不同风格的音乐爱好者，以"即兴""快闪"方式随时出

图4-6-1 旧礼堂咖啡与自助图书馆

图4-6-2 塘口在地创生节与成果展板

现在市集各个角落表演，给等墟游客带来惊喜音乐展示和精彩视听盛宴，线上直播此次活动累计超过3万人次观看，将中国传统节日与侨乡等墟活动相结合激活了在地文化。（图4-6-2）

4.6.5 强亚村——以遗产保护为契机带动乡村风貌塑造

（1）村庄基本概况

强亚村是开平市塘口镇所属的一个行政村，全村总户数566户、总人口1751人，下辖自力村、庙边村、岐岭村、祖宅村、广陵村、水龙村、上塘村7个自然村，世界文化遗产"自力村碉楼群"就坐落在强亚村内。"自力村碉楼群"是开平碉楼的杰出代表，共有15座风格多样、内涵丰富、立面精美的碉楼建筑。塘口镇持续深化实施乡村振兴战略，强亚村近年来大力整治人居环境、完善基础设施、整合资源引进旅游新理念、新业态和新模式，邀请世界建筑大师设计网红旅游厕所，建设彩虹大道、优化景观环境、更新标志路牌、亮化公共空间、引进品牌民宿项目等，依托世界文化遗产号召力大力发展乡村旅游，加快强亚村生态美丽宜居宜游乡村建设。强亚村充分发挥"自力村碉楼群"品牌效应，大力推进农业农产品结构调整，加大水稻、油菜、荷花等观赏农作物

图4-6-3 强亚村现状全貌鸟瞰图

种植范围,吸引大批游客前来观赏田野风光,带动乡村旅游经济发展和乡村风貌塑造。

在2017年,开平市强亚村获评为江门市"乡村旅游示范村",入选"第二批全国乡村旅游重点村备选村"、全国"历史文化名村",也是该市打造生态宜居美丽乡村重点示范村。隶属开平市塘口镇的强亚村"自力村碉楼群",是"开平碉楼"中历史风貌落保存最完整的建筑群,属于国务院公布的全国重点文物保护单位。到2007年6月,在新西兰举行第31届联合国世界遗产大会中,批准将中国广东省"开平碉楼与村落"列入《世界遗产名录》,从此诞生第一个海外华人文化世界遗产项目,也是第一个国际"移民文化"世界遗产项目,隶属强亚村管辖的"自力村碉楼群"作为主要代表,在"开平碉楼与村落"中是保存质量最好、文化价值最大、建筑艺术最高。开平市目前现存"开平碉楼"共有1833座,"自力村碉楼群"共有碉楼158座,核心区内碉楼21座、缓冲区内

碉楼137座,其中一级保护碉楼20座、二级保护碉楼24座、三级保护碉楼58座。(图4-6-3)

(2)村庄规划建设

开平市非常注重碉楼建筑遗产的整体性保护,强调碉楼建筑本体、周边景观环境、村庄风貌塑造的维育,碉楼建筑保护是保证文化遗产完整性和真实性的关键。开平碉楼大部分建于20世纪二三十年代,屋主多是漂洋过海在异国他乡工作,吸收世界各国建筑不同设计特点回乡建造,具有古希腊、古罗马、伊斯兰、法兰西等民居风格,一般采用多层建筑、封闭布局、坚固耐用、注重安全防御和防灾避难功能;普遍使用混凝土结构、砖石砌筑外墙、铸铁拼花门窗等建筑材料。开平市为了保护碉楼建筑遗产历史信息价值,正确处理保护发展关系实现可持续发展目标,先后制定了《广东省开平碉楼保护管理规定》《开平市碉楼保护管理暂行规定》等文件,邀请北京大学世界遗产研究中心在原申报规划基础上,完善形成《开平碉楼

图4-6-4 自力村碉楼历史建筑1

与村落遗产管理规划》，坚定不移地保护碉楼与村落的真实性和完整性，在保护前提下发挥其文化教育、展览、旅游作用，从遗产保护的政策、制度、原则、目的、范围、要求、内容、程序、方法、措施等方面，落实开平碉楼、五邑侨乡、江门村落的全面、持续、立体保护。

强亚村碉楼也存在屋顶漏水、墙体开裂、栏杆损毁、门窗缺失、天花钢筋外露、楼梯梯级破败、立面附生植物等问题，许多碉楼的门窗、墙柱、屋顶、天花都出现不同程度的裂缝，一些混凝土建筑楼板已经出现了钢筋腐蚀现象，个别碉楼由于地基不均匀沉降出现地面楼体倾斜现象，还有碉楼缺乏防护设施遭到雷击、台风、降水等自然灾害破坏。强亚村为了减少对碉楼建筑和景观风貌的破坏，根据旅游增长趋势制定村庄旅游发展总体规划，部分进行开放试验、探索旅游规律、积累管理经验、培训管理人才。游客数量增多给碉楼保护带来了不少难题，碉楼内部有限空间与游客容量过剩矛盾十分突出。结合村庄风貌保护和碉楼空间狭窄实际，相关部门联合制定了控制游客数量计划，确保碉楼建筑和村庄资源得到有效保护，强亚村规划对每次进入碉楼人数进行限制，部分碉楼规定每次进楼人数不得超过30人，既缓解了人流过量压力提高旅游质量，又保证了游客在相对舒适的环境中感受碉楼的独特魅力。开平市房地产测绘队、白蚁防治中心、防雷工程单位等专业技术部门，针对碉楼主体保护修复提供了工程技术支持，高校建筑专家组成碉楼保护和修复团队，通过现场教学、科研试验、课题项目和专家咨询等形式提供服务。（图4-6-4）

（3）风貌塑造行动

强亚村紧紧围绕"乡村振兴、遗产活化、设计先行"理念，打造美丽乡村精品线路将众多历史资源串联，按照AAA级景点标准新建公厕等旅游精品项目。强亚村坚持维护减少干预和可逆恢复原则，保护碉楼建筑与乡村风貌的真实性和完整性，实行现状为主、加固为辅、审慎维修、修旧如旧策略，对于必要加固维修工作严格掌握修复尺度，尽量保存原有建筑的形制、结构和风格。

在道路优化方面完善交通设施构建立体步行系统，进行破损路面修复和硬化黑化处理，形成便利、畅通、干净、整洁、连续的通行效果；整治道路排水、水井、沟渠、电缆、路灯等基础设施，确保道路排水畅通的同时拓宽、美化、亮化道路两侧空间；分割设置机动车道、自行车道、人行道、绿化带等分区，形成人车分流、安全、舒适的线性慢行空间；完善停车场地、道路画线、交通标志和安全监控，打造符合规范的高品质、有特色、景色美的乡村旅游线路。

在建筑改造方面根据其保护等级提出分类处理方案，保留原有建筑体量、高度、造型、风格等主要元素，尽量从内部使用轻钢结构进行危旧建筑修缮加固；在保护原有建筑外墙的色彩、细部、肌理、质感等基础上，使用新型防水材料保护外墙免遭损害；一些非文物保护单位可以增加部分必要建筑功能时，利用材质变化和色彩搭配达到更好的形体效果；结合场地对绿化、标识、窗花、家具等细部进行设计，丰富建筑空间、露台、广场、展厅等，形成多层次开放空间。

在景观提升方面突出强化侨乡风貌和岭南特色材料，按照岭南传统村落修复乡村空间风水格局，修复村民祭祀、晒谷、运动、停车等乡村生活功能；尽量保留场地原生树木和植物群落，增加游园步径、休息空间、活动广场及草坪绿化等设施；保护岭南特色田园风貌和修复自然环境生态系统，选择适合本地化、易生长、少维护、生命力强的绿化树种；使用原木材料、乡土色彩、耐久性好的当地特色材质，不过多使用石材、瓷砖、彩色金属板材和白色塑料管线。

祖宅村利用从拆除危破建筑中留下的传统建筑材料建设旅游公厕，活化废旧建筑元素，保留村庄历史记忆，厕所部分功能区域被隐藏在乡村舞台活动大台阶下，成为一个兼具公共服务功能以及休息娱乐功能的景观建筑。强亚村还利用世界文化遗产带动新型旅游设施，其中自力村碉楼建筑群利用机会发展品牌效应，以建筑风貌为基础、以影视拍摄做卖点、以旅游品牌促发展，邀请《让子弹飞》电影团队到该村取景，在影片上映后引起巨大轰动成为著名网红村庄。（图4-6-5）

图4-6-5 祖宅村网红旅游公共厕所

（4）风貌塑造效果

强亚村以生态发展、环境治理、风貌塑造为乡村振兴切入点，将整治村容村貌、完善基础设施、发展适农产业作为乡村振兴首要任务，通过"三清、三拆、三整治""美丽乡村建设""侨乡文化塑造"工作，针对强亚村内各自然村风貌进行全面升级改造。全村以乡村人居环境整治工作入手，以党建引领村民建设美丽家园，以华侨关系作为文化联络纽带，通过包括村道、村巷、村屋、村塘的改造提升，整治乱搭乱建及绿化生态景观，完善排水管道和污水处理设施，加强农房管控和建筑立面翻新等，人居环境和村容村貌发生了很大变化。在环境提升方面以强亚村下辖庙边村为例，全村投入超过300万元进行村容村貌提升，包括道路硬化黑化、广场美化亮化、新建公共厕所、加装游憩设施、改造风水塘、共建文化楼等，风貌塑造将庙边村打造成为开平市"标兵文明村"。祖宅村邀请世界建筑大师设计旅游厕所，被世界景观建筑奖评为"2020年度最佳小建筑"，成功增加了一个著名新网红点吸引许多游客前往打卡，让广大村民体验到保护传统建筑的重要意义，同时支持农房管控和乡村风貌塑造可以创造长期、巨大的价值。

开平市补助强亚村60万元用于新农村建设，支持100多万元资金进行河道清淤工作，解决低洼地区以往逢雨必浸历史问题，强亚村积极发动乡贤捐款支持家乡建设，凝聚侨心乡情、动员社会力量、共建美丽家园，通过各种渠道等集资金350万元开展民生工程建设。通过开平市统一平台提升产业招商吸引力，强亚村下辖祖宅村引入"如也"民宿项目，打造传统侨乡民宅、碉楼建筑、田园风貌为基础，同时采用当地青砖、条石、实木、灰雕等乡土材料，适度运用建筑设计手法功能针对老旧民宅碉楼进行改造，成为艺术咖啡、展览中心、配套民宿等各种公共空间，活化历史建筑，丰富强亚村内旅游产业内容。强亚村内下辖祖宅村利益共享分红模式较为成功，该村"三清三拆"后腾出宅基地，连同周边闲置建设用地共计3.3公顷土地，村委会将这些土地以及周边40间闲置房屋一并打包进行招商引资，引进亿元民宿项目创新村民分红方式，通过转让闲置土地房屋资源入股方式让村民成为项目主体，创新形成"保底租金+利润分成"利益分享合作模式，成功为强亚村乡村风貌塑造提供长期可持续资金来源。

以强亚村为代表的开平碉楼具有丰富多变的建筑风格，凝聚了西方建筑史中不同国家地区的建筑风貌，成为一种独特的建筑艺术形式和人文自然景观，中国乡村民众将西方建筑艺术与本土建筑艺术融合的产物。欧式古典风格小楼与南方农村传统土屋在一起交错，形成了江门侨乡地区绝无仅有的乡间风貌美色，不同旅居地、不同审美观、不同人生路，造就了开平碉楼与乡村景观独有的千姿百态特色风貌，成为当地乡村风貌塑造的基础风格、特色景观和文化内涵。（图4-6-6、图4-6-7）

图4-6-6 自力村碉楼历史建筑2

图4-6-7 自力村碉楼历史建筑3

翁源县——广东省创建
新农村建设一体化试点

在社会主义新农村示范村创建工作中，翁源县坚持整县统筹协同发展，通过高校专业团队现场设计建设，统筹开展行动规划，搭建了华南理工大学全专业、一体化团队长期驻场，为50多个行政村600多个自然村制定设计施工计划。规划师、设计师、建造师、工程师等共同驻场，形成各环节良性互动，提高行动效能，村民理事会、村集体、村小组等无缝对接，通过了解、引导、落实村民需求转化建设成果。翁源县2018年统筹各级专项资金6.28亿元，依据村庄实际制定"一品一景一主题"村庄规划方案，采用"专业项目经理+农民工匠"模式施工建设，发挥示范引领作用推进全县新农村创建工作，成为全省新农村规划设计建设运营一体化示范县。

自2020年以来，翁源县被中央农办、农业农村部评为"全国村庄清洁行动先进县"，龙仙镇青云村和江尾镇连溪村被评为"广东美丽乡村特色村"，其中旅游廊线"兰乡古韵"被评为"广东美丽乡村精品线路"等诸多荣誉。在翁源县连溪村、青云村、黄塘村、沾坑村等地，娇艳荷花、脆嫩扁豆、碧绿西瓜、鹰嘴蜜桃等，一村一品、串珠成链，造就了翁源乡村亮丽风景线。翁源县依托入选广东省农村人居环境整治示范县契机，大力推动农房建设管控和乡村风貌提升工作，以共同缔造机制建设和人居环境整治为抓手，不断完善农房管控和乡村风貌提升工作水平，实践"美丽乡村·共同缔造"理念激发乡村内生动力，推进生态宜居和农村风貌的双提升、美丽乡村和经济价值的双增长。

5.1 拆出新空间，激活乡村发展新动能

拆除违法建设、修缮危旧农房、保护基本农田、维育生态环境是农房管控和风貌提升的基础性工作。2019年以来，翁源县把拆除危破农房作为保障群众生命财产安全和开展农村人居环境整治重要切入点，坚持拆违复绿与环境整治相结合。截至2019年年底，翁源共拆除不符合土地管理法规破旧农房14.5万间，拆除建筑面积约266万平方米，全县已基本消除存在安全隐患的农村破旧泥砖危房，盘活"三清、三拆、三整治"清理出来的土地，以及村头巷尾、房前屋后的空闲土地和危房改造用地等，拆除建筑后腾空土地实施"拆旧复垦"813亩，集中整合土地空间资源发展了一批村级产业，

利用闲置土地建成了一些小菜园、小果园、小花园、小公园等。翁源县美丽乡村建设"拆出空间、拆出安全、拆出美丽"，拆出空间后村庄人居环境变美、村容村貌干净整洁、集体经济收入增加。

翁源县坚持因地制宜、量力而行、分类实施的原则，提出"五先拆""五不拆"。"五先拆"是指先拆除：违法占用耕地建房、长期闲置的破房、有人居住的危房、河道沿线低洼地和地质灾害隐患点的旧房、"四沿"（沿交通线、风景区、省际边界、城市郊区）破旧农房。"五不拆"是指不拆除：古围楼古村落文物保护单位、整村保存完整可以进行旅游开发

的村庄、红色革命遗迹体现客家民俗文化的建筑、建造风格特异且有文化研究价值的构建以及宗族祠堂仍较完整的村落建筑群。同时，翁源县注重做好房屋拆除"后半篇文章"，逐步探索出"六种用途"盘活土地资源，即"复绿土地、复垦农用地、农民宅基地、公共配套用地、经济发展用地、设施农业用地"六种功能。翁源县在农村房屋管理、控制和风貌提升的过程中总结出"翁源经验"，为推动乡村振兴提供新样板。

5.2 营造新特色，树立风貌塑造新标杆

5.2.1 找准村庄发展定位，立足区域优势和村庄特色

翁源县制定了"1568"美丽乡村建设总体布局方案，围绕1条"兰乡古韵"廊线，打造5条精品线路，创建6个美丽乡村示范片，形成8种美丽乡村建设模式，从建筑民居、美丽庭院、环境绿化、道路交通、标识系统、村庄亮化六个方面挖掘特色自然景观，以乡土气息作为本底加强统筹谋划，突出个性特色，坚持整治造景两手抓，全力推进"兰乡古韵"廊线建设，以坝仔、江尾、官渡等3个镇15个行政村的人居环境整治示范点创建为核心，以廊线起点坝仔镇金星村、蓝河村、珍珠村、良星村4个村庄为先行试示范主体，全力推动全县60个"面上村"风貌提升工作，形成"点上成景、线上出彩、面上美丽"新格局。

乡村风貌塑造让翁源这片广袤土地上发生了翻天覆地变化。在明星村以"三塘琴书"主题为核心景点，远峰美景、房屋瓦舍、荷塘美景尽数倒影如画，在镇仔村以"孝文化"主题将孝道文化融入美丽乡村建设，弘扬和传承了孝老爱亲的优良传统；金星村依托"坝仔花桥"特殊区位打造"一桥一村一道"。一个个特色村庄散布在翁源2175平方公里的土地上，美丽乡村建设不仅让翁源156个村庄村容村貌发生了巨大改变，同时也带动了乡村特色产业及乡村旅游发展，真正实现了"生产发展、生活宽裕、乡风文明、村容整洁、管理民主"。

5.2.2 引入专业技术团队，构建多方社会力量共同体

翁源县在完成农房风貌提升"兰乡古韵"坝仔段、"三青片"、"连塘片"、"坝仔片"等新农村示范片基础上，继续实施"兰乡古韵"廊线风貌提升工程，通过镇村专业联合团队，配合社会力量多方联动，构建一个共同决策行动共同体。以村党支部引领定期组织美丽乡村工作坊，在村内公示建设规划"一图一表"等形式，让村民在规划编制、项目建设、村庄治理上有充分的知情权、参与权和决策权。翁源县还引入华南理工大学师生团队给予技术支撑，初步实现了政策制定、驻村规划、现场设计、在地建设、管理运营、多方

共治的高度契合[76]。

翁源县青云村不断深入推进"共同缔造"活动，伴随着"三清、三拆、三整治"推进以及党群连心广场等设施建设，青云村整体人居环境和产业发展有了巨大改善，同时培育产业优势不断深挖自然资源，其绿色生态农业、

乡村文化旅游、乡村研学体验等也初成规模。以研学体验引领青云村进一步落实"三变"工作，结合本村老围楼、古井、新农村建设等特色，成立集体主导村民入股的旅游开发公司，打造一批民宿客栈和农家菜馆，提高村民收入和乡风文明水平。

5.3 制定新规则，统一农房管理新秩序

5.3.1 建章立制成体系，探索一套农房管控制度模式

按照广东省关于农房管控和风貌提升工作部署，翁源县试验将"三清、三拆、三整治"与农房管控和拆旧复垦深度融合，出台《关于推进农房管控风貌提升实施意见》等二十多项文件，提出了一套农房管控和风貌提升的制度体系。自从推进农房管控和乡村风貌提升后，翁源县通过制度建设主动引导社会合力，激发了村民对美丽乡村建设自觉意识。总的来说，翁源县通过青云村等试点村庄探索三大管理制度，实践"美丽乡村·共同缔造"理念，取得了较好的建设成果。

翁源县创建广东省新农村建设一体化示范县，通过制度探索提出以下三大亮点[77]：一是制定乡村建设公约和农房建设管理制度，严格落实"一户一宅"制度及乡村建设规划许可制度强化农房建设管理；二是制定乡村风貌塑造和导控管理制度，落实"山、水、田、村、路"五大乡风貌要素导控要求，进一步改善乡

村建设风貌重塑岭南客家乡村风貌特征；三是建立公共服务意识和卫生保洁制度，通过"专业环保公司+本村村民参与收运"形式，进一步强化村庄保洁统筹垃圾分类、收集、处理，大力动员村民参与垃圾不落地分类收运工作。

5.3.2 一张蓝图干到底，统一农房建设标准创新流程

首先，推行农村建房"凡建必审"制度流程。翁源县要求所有农户必须遵循"先规划·后许可·再建设"要求，严格遵守建房的安全、流程、规模、风貌、间距等规划要求，只有满足规范要求经审批许可通过方可开工建造房屋。翁源县还将"农房管控·风貌提升"纳入村规民约，县镇主管部门切实做好房屋建设审批工作，严格按照"一户一宅"和"建新拆旧"要求，将拆除房屋后原宅基地交还村集体，以确保建设符合村庄规划和土地管理有关法规要求。翁源县还开发

了智慧化农房管理数字系统，引导村民按照村庄规划和农房图集合理设计建造房屋，形成了相对集中、集约高效、风貌协调的村庄用地布局。

其次，制订"多规合一"规划设计方案图则。全县要求156个行政村近2000个自然村制定了"多规合一"实用性村庄规划方案，县农业农村局和县住建管理局等部门组织建筑设计队伍，先后绘制了60多套《翁源县农房建设设计参考图集》，制定了《翁源县美丽乡村风貌提升指引导则》和《翁源县农村住房风貌指引导则》等功能齐全、经济适用、有本地特色、有可操作性的农村村民自住房建设指引，免费供建房农民下载浏览、参考学习和选择使用。在建农房门口均张贴村民建房公示牌，包含项目批准文件、申请人、平面图、承诺书等内容，及房屋四置关系、用地面积、立面造型、层数、尺寸、图集等信息。

5.4 创立新模式，提供资金下乡新来源

翁源县立足于"管住新建房·改造存量房"，出台《翁源县农房管控风貌提升贷款贴息工作方案》，探索实施"政府贴息+村民贷款"资金鼓励模式，联合金融机构推出"兰乡风貌提升贷款"项目，选取江尾镇和坝仔镇2个镇11个村小组开展试点，发挥金融支持与撬动作用，充分激发乡村振兴发展活力，持续推进农房管控风貌提升，为美丽乡村建设模式创造更多资金、打造精品项目。到2020年9月，翁源县共向149户发放农房管控风貌提升信用贷款1590万元，打造农村人居环境整治升级版，为农村振兴发展开辟了新的资金渠道。

在加强农房建设管理和提升农村风貌的同时，翁源县以"产业兴旺"为抓手积极引进现代农业企业，探索新的农村文化促进方式"五动兴农"，即"政府资金带动+金融贴息撬动+社会资本联动+专业人才流动+乡村资源互动"新模式，培育新型农业经营主体促进农旅融合，盘活农村土地资源，大力发展农村经济，使美丽乡村建设成果成为农村经济新增长点。农房管控和风貌提升，释放了空间、改善了环境、集聚了资源，美丽经济幸福产业也开始在翁源的广袤农村落地生根，促进了村庄高质量发展，切实增强了当地农民群众的获得感和幸福感。

翁源县积极推动"共同缔造"活动持续开展，组织村民对人居环境整治提升和文明乡风建设进行评选。村内定期开展"美丽庭院"评比，以庭院、田园、菜园整齐有序、绿化美化、风貌协调为标准；组织开展"卫生家庭"评选，引导村民养成讲文明讲卫生好习惯，对评选出的先进家庭和个人给予奖励，激发群众参与美丽乡村共同缔造活动的积极性；通过制定"爱心积分"制度、认领绿地、公共空间、公共设施等维护，进行"爱心积分"评比提高村民参与的积极性和主动性，改善农村建设，提升景观风貌，共享美丽乡村。

5.5 运用新系统，加快乡村建设新速度

农村地区地域广阔、地形复杂、村落众多、人口分散，农房建设管理长期面临着"点多、线长、面广"局面，为了加快探索农村智慧化应用场景，回应村民对美好生活的期盼，运用"互联网+"思维打造农房智慧管控体系，翁源县政府部门开发出"翁源县农房智慧管理系统"。该系统具体涵盖农房图集、农房农户信息、施工管理、工匠管理等内容，以建设房屋建设全过程进行电子化管理，争取实现农户建设"只跑一次"服务水平，真正提升农村住房建设效率，要扎实解决从建房审批、设计图纸、挑选工匠等整条流程上各个环节问题。

"农房智慧管理系统"可从建前审批管理、建中工程管理到建后监控预警三个方面进行全过程、全范围管控，基层的行政审批效率也得到了显著提升，系统默认从受理建房申请开始，7个工作日内要完成资格认定，15个工作日内应当审批办结，对滞留审批超期案件还可做出预警。村民在"农房智慧管理系统"只需要点开手机，在线就可完成农村建房全流程审批服务。系统创建了农房通用图库和线上标准图集，建房村民不仅在线选用标准设计和采购材料，视经济情况推荐最新装配式建造方式，还可享受免费提供"个性化"图纸修改服务。

5.6 小结

翁源县在农房建设管控和乡村风貌塑造上精准发力，在"十三五"期间地区生产总值年均增长6.8%，固定资产投资累计完成380亿元，地方一般公共预算收入年均增长12%，2020年疫情期间地区生产总值仍保持增长6%，农村人均纯收入首次超过全国平均水平。截至2020年12月，翁源县156个行政村达到干净整洁村标准，完成全县51个省定贫困村和1个示范村建设任务，打造了12个特色精品村和22个美丽宜居村，2020年全年接待过夜游客221万人次，接待总人数738万人次，旅游总收入超28亿元。通过农房建设管控和乡村风貌塑造示范带动建设，推动翁源县形成了农村美、农业活、农民富的生动局面。

2020年8月，广东省发布《关于全面推进农房管控和乡村风貌提升的指导意见》[78]，要求提高农村人居环境整治工作水平，建设生态宜居美丽乡村。同年9月，分别在饶平县、雷州市、翁源县召开粤东西北地区农房管控和乡村风貌提升会议，其中在翁源县新农村建设一体化示范点召开粤北现场推进会，提出农房建设管控和乡村风貌提升是深入实施乡村振兴战略和建设生态宜居美丽乡村的重要抓手，是北部生态发展区突出生态优势、岭南特色、绿色发展的新要求，会议部署全省农村农房管控和景观整治塑造工作，加快美丽乡村建设。

农房管控和风貌提升为翁源县发展腾出了空间、改善了环境、集聚了资源，美丽经济幸

福产业也开始在翁源县广大农村地区扎根。乡村风貌塑造既是一场攻坚战更是一场持久战，下一步翁源县将进一步落实广东省关于农房管控乡村风貌提升的政策要求，加强组织领导和制度建设并充分发挥规划引领作用，努力解决规划建设管理政策"不成套"问题，持续开展农村居住环境改造为乡村振兴贡献翁源力量。通过广东省住房和城乡建设系统落实乡村振兴战略和农村人居环境整治现场推进会、广东省农房风貌管控和风貌提升粤北现场推进会等大型活动，翁源县用实际行动向全省乃至全国展示了乡村振兴"翁源样板"。

广东省典型地区乡村
风貌塑造的经验

广东省早在社会主义新农村建设实践中，社会各界都不断研究创新可行性方案，将乡村风貌整体提升任务落实到新农村建设中。从2011年开始，广州市在从化、增城等地启动"美丽乡村建设行动"，探索了"一村一品"从化特色经验和"蓝图+行动"增城规划方法等，到2017年广州市通过《美丽乡村建设三年行动计划（2016—2018）》，提出注重近期人居环境改善及远期乡村特色挖掘，制定"挖掘资源→明确主题→规划功能→筹措资金→落实用地→建设实施"路径[79]。广东省"美丽乡村"建设在农村基层组织建设、规划编制管理、基础设施建设、人居环境提升等方面都有明确方向，形成发展特色风貌和乡村旅游、促进村民就业和收入增长、打造特色小镇和优势产业，构建"互联网+美丽乡村"、建立村庄管理长效机制等方式[80]。2018年1月，广东省省委全会提出实施乡村振兴战略作为全省工作重中之重，把更多资源下沉到农村，从根本上改变全省农村面貌，构建宜居生态美丽乡村成为安居乐业和寄托情感的美丽家园。

2018年10月，习近平总书记到广东省清远市考察时强调，要下功夫率先解决广东城乡发展二元结构问题，制定措施要更精准促进第一、第二、第三产业均衡发展，发挥粤东西北地区优势，把短板变成"潜力板"，不断拓展广东发展空间，增强发展后劲[81]。乡村风貌塑造事关实施国家乡村振兴战略、完善改进乡村治理、健全城乡融合机制、建设生态宜居美丽乡村、乡村全面实现发展。2019年7月，广东省制定《实施乡村振兴战略规划（2018—2022）》[82]提出，构建"核心优化·两翼提升·北部生态"空间发展格局，科学评估土地资源、农业生产、生态环境、

沿海滩涂及海洋资源等承载力与发展力，构建促进农业发展、农村繁荣、农民富裕的空间发展与控制制度，实现乡村山、水、林、田、湖、海的协调统一与生态环境可持续发展，着力破解城乡二元结构问题，重塑城乡关系，强化制度供给，促进城乡发展融合和要素自由流动，进一步激发农村内部活力和优化农村发展外部环境，带动广东乡村产业、人才、文化、生态和组织振兴。

2020年8月，广东省政府颁布《关于全面推进农房管控和乡村风貌提升的指导意见》，通过农村人居环境改善和乡村风貌塑造促进农村优化发展，建立农房管控机制和乡村风貌提升"1+N"政策体系；2022年年底前，整治存量农村违法建设和宅基地明显减少，新建农房按"一户一宅"原则实现规范化、法治化管理；2025年年底前，全面建立规范的农村用地管理和农房风貌建设新秩序，完成珠江三角洲地区80%和粤东西北地区60%以上存量农房微改造；广府、客家、潮汕、雷州、侨乡及少数民族等各具风格的新时代广东乡村风貌充分呈现[83]。广东省省长马兴瑞随后在雷州市主持召开现场会强调，要坚持规划先行积极开展风貌提升试点示范，科学编制、多规合一、简约实用的村庄规划发挥规划引领作用，确保规划设计接地气、有特色、村民易懂、村委能用、乡镇好管；要注重因地制宜分类推进乡村风貌提升工作，统筹推进存量农房改造和新建农房风貌塑造，融合岭南传统历史文化元素打造各具特色、各其美的岭南乡村。

2020年10月，党中央十九届五中全会提出，优先发展农业，农村全面推进乡村振兴，坚持把解决好"三农"问题作为全党工作重中之重，走新时代中国特色社会主义乡村振兴道

路，强化推动形成以工补农、以城带乡、工农互促、城乡互补、协调发展、共同繁荣的新型工农城乡关系。加快农村现代化，提高农业生产力和竞争力，深化农村改革实施乡村建设行动保障国家粮食安全，实现巩固拓展脱贫攻坚成果同乡村振兴发展有效衔接。综上所述，广东省乡村风貌提升能够营造良好的景观生态环境，有利于缩小城乡差距，促进城乡经济社会协调发展，有利于保留乡村风貌保护，弘扬岭南乡村传统文化，有利于传统文化延续，为留住美丽乡愁提供了广阔空间。本书将从治理体系、技术支撑、实施措施、产业融合等四大维度，为广东省乡村风貌塑造建设研究提供经验总结和咨询建议。

6.1 试行农村体制改革，推动城乡风貌治理新体系

6.1.1 农村综合改革，调动积极性强化村民主体责任

自2011年开始，广东省承担了六大类国家级农村改革试验试点任务，探索创造了超过30项改革创新经验，其中佛山市南海区集体资产股份确权到户，清远市承包地先自愿互换并地再确权登记，云浮市创新农村基层治理机制培育村民理事会等，在城乡融合、社会治理和乡村建设等管理领域总结经验。农村综合改革致力打破城乡二元结构，调动农民积极性，释放农业农村发展活力，其中最大改革在于土地管理和权益制度变化，通过流转使土地部分权益发挥更大价值。以珠海市为例，无论是土地确权改革还是资产入市改革，探索农村金融改革，建立"三资"交易平台，都主要立足于打破制约城乡发展一体化主要障碍。

党中央十八届三中全会对农村改革做出了重大部署[84]，赋予农民对承包经营土地使用、收益、流转及抵押等权能。广东省各地在乡村振兴过程中不少创新举措：农村土地确权改革探索多种形式确地、确股、确权和确利；允许农村集体建设用地经批准后出让、参股、融资和租赁；建立农村交易平台要求集体资源、资产、资金都公开交易等。农村综合改革创新、规范、优化和扩大党组织有效覆盖，实施南粤党员先锋工程，发挥党员引领农村建设模范作用，完善农村的民主选举、协商、决策、管理和监督制度，培育志愿性、服务性、公益性、互助性农村社会组织，农村党组织建设在乡村风貌塑造中发挥了重要作用。

广东省农村综合改革推进集体产权制度改革，通过加大农村土地流转盘活乡村"沉睡资本"，打破产权界限实现自主优化配置和长效自治，通过"确权到户、户内共享、社内流动、长期不变"股权管理模式[85]，将农民手中分散的耕地、林地、荒地等经营性资产以股份形式量化到村集体，盘活闲置资产增加村民财产性实质收益，提高村民参与建设管理和乡村风貌塑造积极性，进而形成乡村风貌管控长效维护机制，鼓励村民以房屋前后闲置空地进

行清理整治行动，同时结合奖励、补贴和荣誉等方式带动村民积极性。通过集体建设用地权益和增值收益分配制度，综合改革为农房建设管理和乡村风貌塑造奠定了政治基础。

6.1.2 城乡融合试验，提升城乡一体化风貌管控水平

党中央"十八大"以来，我国从推进新型城镇化到实施乡村振兴，然后到推进城乡融合发展，为城乡融合发展探索了一些新方向和新路径。2014年《国家新型城镇化规划（2014—2020年）》颁布；2017年《广东省新型城镇化规划（2016—2020年）》要求提升城镇化水平推动城乡发展一体化；2018年9月，国务院发布《乡村振兴战略规划（2018—2022年）》提出完善城乡融合发展政策体系；2019年7月，广东省出台《广东省实施乡村振兴战略规划（2018—2022年）》提出要建立健全促进城乡融合发展体制机制和政策体系。广东省在推进新型城镇化和乡村振兴方面取得了不少成绩，农业转移人口市民化和城镇化取得重大进展，农村土地制度改革取得新突破，城乡一体基本公共服务提供机制逐步建立，城乡统一基础设施建设取得显著成效，城乡融合有利于建立城乡风貌共同塑造机制。

2019年12月，国家发展改革委等十八部门联合印发《国家城乡融合发展试验区改革方案》，公布11个国家城乡融合发展试验区名单包括广清接合片区。2020年11月，广东省公布本省城乡融合发展省级试点地区名单，包括7个市县试点和39个中心镇试点。佛山市南海区以农村土地制度改革为着力点，以"5大任务、21条措施"从生态、土地、产业和城市进行系统规划，到2022年南海城乡高质量融合发展格局初步形成，实施20个城中村全面改造，建设10个农村居民新型社区；整合9万亩村级工业园区，建设20个千亩连片产业社区，建成5个万亩农业示范片区；到2030年全面实现土地结构优化调整，城乡高质量融合发展格局形成，建立健全城乡融合发展的体制机制和政策体系。

广东省充分发挥粤港澳大湾区辐射引领作用，统筹珠江三角洲和粤东西北地区布局，促进全省各级城市与乡村科学布局、合理分工、协调发展，加快产业发展、基础设施、公共服务、资源能源、生态保护、环境治理等一体化进程。进而考虑城镇与乡村发展推进统一规划，优化农业农村区域及建设空间结构，合理布局生态、生产和生活用地，统筹布局重要基础设施和公共服务设施，科学安排乡村格局、资源利用、设施配置和村庄整治。综合考虑村庄的演变规律、集聚特点和现状分布，结合农民生产生活半径合理确定村庄布局规模，避免违背农民意愿、大拆大建、撤并村庄。加强乡村风貌整体塑造和注重农房单体设计，建设立足本土社会、富有地域特色、承载田园乡愁、体现现代文明的美丽乡村。

6.1.3 借鉴城市管理手段，创新乡村物业管理方式

广东省在乡村建设中重视基层主动性与村民积极性，采取"自上而下"和"自下而上"结合的形式，政府引导推动村民作为主体负责落实执行。以人为本惠农富民是乡村建设出发点，相信群众、尊重群众、依靠群众、服务群众、造福群众。农村建设和风貌塑造成为广大

群众的民心工程，解决农民最直接、最急迫、最关心的居住、交通、安全、卫生、环境、供水、污水与垃圾处理等问题，从探索建立创新乡村物业管理机制入手，借鉴城市化市场化物业管理手段服务乡村。珠江三角洲等地乡镇以行政村为单位建立"乡村物业服务中心"，参照城市小区成熟经验定制"乡村物业管理办法"，经济条件较好的村庄还可设立"乡村长效管理物业管理基金"，通过"财政投一点、部门补一点、集体筹一点、农民出一点、乡贤助一点、社会引一点"资金统筹制度，实现乡村城乡建设和风貌塑造长效管护机制，逐步过渡到村民出资市场化专业化乡村物业管理方式。

广东省乡村治理学习并借鉴香港、澳门的成功经验，持之以恒地推进城乡风貌塑造和环境整治行动。风貌塑造依赖全体农民的教育水平和文明新风，从城市"环境整治工程"到乡村"风貌塑造行动"，通过集中整治解决乡村脏、乱、差、俗等顽疾，通过环境改造先治"标"见到成效，赢得村民认可，然后通过创新形式、完善管理制度、持之以恒地深入推进。乡村风貌塑造需广泛动员参与形成氛围，加强村民环境卫生秩序荣辱观教育，通过各种宣传教育、提高农民文明素质、夯实乡村治理基石。东莞惠州等地乡镇借鉴"清洁香港运动"经验，精心谋划活动载体、招贴广告、形象大使，制定周密活动策划方案持续掀起活动高潮，村民自觉形成家园意识维护家园良好形象。风貌塑造长效机制还要完善相关规章制度，强化乡村规划引领农房建设和风貌塑造，严格依法行政、按规建设、明确责任、加强监督体制，为改善人居环境和提升乡村风貌夯实稳固基础。

6.1.4 运用新型治理工具，搭建乡村管理规范体系

农村经济发展催生了新型城乡社会关系基础，新型专业农民有着不同的经济基础和行为模式，需要能与现代社会关系相互匹配的村庄环境。乡村民主政治逐渐发育起来搭建长效管护体系，运用标准作为体系管理与社会治理的新型工具，诸如村务公开管理、美丽圩镇建设、乡村公共服务、公共设施管养、垃圾收集转运、生态修复规程等标准体系。地方政府协助建立乡村治理标准的方式、要求和指标，做到按标准地精细化治理、高质量服务和可持续发展，助力乡村风貌塑造建立"广东标准"。目前，广东省乡村普遍已经建立"村规民约"制度，地方政府明确村规民约制定标准规程和负责审查备案，明确规范村规民约形式、内容、制定程序和奖惩机制，村民通过专业咨询、广泛调研、民主决策和集中执行等形成共同约定，促进农民自我约束、自我管理、自我提高和自我认同，带动形成德业相劝、患难相恤、守望相助、风貌相护的社会风尚，充分发挥村规民约在农村基层治理中的独特功能，促使其更加契合法治精神和现代治理理念。

加强乡村风貌塑造先要完善农村社区基本公共服务，推进服务规范化、标准化和便利化，以乡镇为单位打造"一站式服务"综合服务平台，全面落实代办员制度让村民办事少跑动甚至零跑动，加快推进"互联网＋"政务服务终端延伸到农村，打造乡村治理体系和治理能力现代化的广东样本。在珠海市等地推进"建设幸福村居"优先保障农民集体收入，完善农业保险政策体系发展农产品期权期货市

场，扩大"保险+期货""订单农业+保险期权"试点，农业保险基本实现主要农产品生产品种应保尽保，鼓励开展天气指数保险、价格指数保险、贷款保证保险等试点。在梅州市等地利用空心村、农村旧住宅、废弃宅基地等闲置建设用地拆旧复垦，遵循房屋产权调换和货币补偿相结合市场化补偿原则，探索农村承包土地经营权和农民住房财产权抵押试点，鼓励农村集体经济组织以出租、合作等方式盘活利用空闲农房，改造建设民宿、休闲农业、乡村旅游、创意办公等场所，通过拓宽资金来源和明确权利责任为释放旧村改造动力。

6.2 规范农房建设程序，建立全要素乡村风貌标准

6.2.1 完善风貌管控规程，建立全要素三级设计体系

结合广东省农房管控和乡村风貌提升工作要求，推广"风貌总体设计—村庄规划设计—农房建筑设计"三级乡村设计体系。

（1）风貌总体设计

根据不同地域特征编制相对应风貌总体设计，按照自然资源环境和乡村聚落分布情况，明确风貌片区的文化定位和发展方向，划定乡村风貌格局开展特色风貌片区总体设计，明确近期的整治提升任务和建设计划，从村落的空间布局、街巷肌理、建筑形态和山水环境四个层面进行宏观风貌控制，对沿线的自然生态、基础设施、农业生产、房屋建筑与公共空间进行设计导控和节点设计。

（2）村庄规划设计

由地方政府负责对传统村落、历史古村、文化名村、人口较多中心村和美丽宜居示范村等编制规划，同步结合规划开展村庄整体设计工作，指导村庄内部的农房建筑设计、村庄环境整治、公共景观营造等工作。村庄设计应融合基础设施配置布局、村庄人居环境整治、公共空间节点设计、景观风貌特色指引、农房建筑布置建设等内容，体现村落空间风貌的整体性、时代性和地域性。

（3）农房建筑设计

在风貌总体设计要求基础上全面推行村庄和农房设计，规划部门就风貌提升、村庄设计、农房设计等领域出台技术标准，包括相关通用图集编制和建筑设计指引；建设部门结合村庄规划深化和农房设计工作，推广农房设计通用图集基础上试行"村庄设计+农房设计"一体化模式；对于传统村落、历史古村、文化名村、美丽宜居示范村庄等，推行"一房屋一设计"建筑订制模式。

6.2.2 强化建设许可制度，倡导新时代乡村风貌要求

坚持"先规划、后许可、再建设"原则，在乡村地区实行乡村建设规划许可证制度，按照城乡规划法规和法定规划图则，明确规划选址、用地范围、用地性质和主要指标，将农村

建筑的面积、高度、风格、外观、色彩、安全等建筑风貌控制要素列入建设规划许可。制定风貌塑造的详细指导方针和分类控制标准，建立每个地区的施工规范和指导蓝图，执行农房建设管理"四按照、四到场"制度，即"按照用地选址、按照规划许可、按照设计施工、按照图纸验收"和"建筑放样到场、基地验线到场、施工过程到场、竣工验收到场"，公开申请条件、房屋清单、审批结果，提高审批过程透明度确保新房建设合法性。

广东省自然资源厅将乡村规划成果备案入库管理，乡村规划信息纳入全省乡村规划管理系统，加快实现市县镇村四级空间规划"一张图"管理，为了乡村规划制定和农房风貌管控技术支撑平台，按照规划要求核发《乡村规划建设许可证》。惠州市等地率先将农房风貌管控要素纳入规划许可，一方面严格执行新建农房风貌规划管控要求，督促进行乡村建设项目办理报建审批手续，按照规划许可依规合法开展建设活动；另一方面设立镇级农房报建服务指导中心，建立高效合理简便农房报建管理程序，发放相关指南为农房报建提供便利咨询服务。同时，加大乡村规划建设违法行为查处力度，鼓励县级城市管理综合执法部门在乡镇设立派出机构，增强农民依法建设意识和规范农村建筑风貌建设。

6.2.3 编制工程标准图集，推广实用型农房建造技术

广东省住房和城乡建设厅组织各地方建设主管单位，邀请本地高校华南理工大学、广东工业大学、深圳大学和广州大学等科研机构，编制刊印具有岭南地域特征和文化特色的农房设计通用图集，请专业人士进行图集使用培训及农房设计讲解，在技术方面进行实地调查、下乡指导和网上授课。通用图集要求达到施工图深度方便村民看图施工，按照不同地域特色农房建设方案提供造价指标参考，尽可能避免出现千村一面、崇洋媚外、简单雷同的村庄风貌。例如，惠州市组织编制《惠州市新农村住宅建筑设计图集》，分别编入占地面积60平方米、80平方米、100平方米新农村住宅建筑设计方案共43个，分为客家岭南建筑风格和现代建筑风格两大类，通过农房建筑设计图集和设计导则对乡村风貌进行标准引导。

2018年8月和2021年1月，广东省住房和城乡建设厅为了贯彻落实乡村振兴战略，加强全省农房建设管理提高农村住房设计施工水平，先后组织编制了《岭南新风貌·广东省农房设计方案图集》第一册和第二册，地方配套编制当地建筑设计、乡土材料和构件工艺等图集，推动设计下乡引导建设具有岭南特色农村建筑。在珠江三角洲等地方政府为鼓励推广使用标准图集，对采用标准图集建房农民提供相应资金奖励，或者通过政府批量采购主要建材大幅降低建造成本，或者集中选取知名设计单位免费为农民定制设计服务，或者推广标准化装配式新型农村住房建筑模式，通过政府财政奖励或采购设计服务、提供建材补贴、乡贤参与决策等方式，按照村庄规划风貌管控要求建设新房或改造农房。

6.2.4 保护农村特色工艺，鼓励高层次人才下乡服务

乡村风貌塑造要求各种人才的共同参与和鼎力支持，广东省人力资源和社会保障厅联合

住房和城乡建设厅，建立"南粤工匠"农村建筑技能人才培养机制，培训内容包括建筑施工基本知识、技术规程、建筑材料、安全施工和质量保障等。工匠培训由市县两级住房城乡建设主管部门组织，各地选送既有建筑工作经历又有培训愿望的学员参加，培训结果成为各地农房风貌塑造年度考核内容。珠海市等地在职业教育体系中设立农村工匠培训计划，将其纳入政府免费教育或学费补贴体系，建立农村工匠的选拔、培养、鉴定和命名制度，成为当地传承特色技能、发扬本地文化、促进农村复兴的重要力量。中山市等地利用各行业协会定期组织农村设计访问、交流、体验和鉴定等活动，建立农村建筑工匠和城市技术人员间联系，促进现代工程建设与农村传统风格塑造协调统一。

农村人才建设结合劳动力结构和多元化需求，坚持人才引进与当地培养结合原则，形成由投资人、设计师、施工方和志愿者等人才队伍，夯实人才队伍为风貌塑造提供技术支持和智力保障。首先，农村建设与社会发展需要各个方面加强外部引进，包括：人才下乡、三师下乡、艺术家下乡、志愿者下乡等活动，进行规划设计、工程建设、文化创意、经济发展、生产科技、农村治理、社会服务及其他技术支撑和智力支持。其次，加大本地人才培养力度培育扎根农村"新农人"，加强对农村工程建设一线农民的教育和培训，维护农民依法参加继续培训的权利和义务，结合当地产业发展对村民进行工程建设职业培训，促进农民就业增强农村工匠的技术水平、工程经验和文化修养。惠州市等地还建立农村工匠管理信息平台，纳入本地建筑"南粤工匠"数据库进行动态管理。

6.3 统筹涉农资金使用，探索规划建设管理一体化

6.3.1 优化审批程序，实行农房建设全过程管理制度

广东省出台房屋建设管理措施、优化法律程序、加强集体管理、规范农房建设程序，珠江三角洲地区探索在市县镇村四级灵活设置乡村规划管理机构。各地方政府根据当地城镇化发展阶段、经济水平和村庄规划管理需求等因素，通过多种形式派出机构优化完善村镇规划建设管理部门设置，选配熟悉城乡规划、建设方面党政领导班子成员分管村镇规划建设工作，吸收部分专业对口大学生村干部或帮扶工作队为兼职村级规划建设员，购买基层公共管理社会服务协助村级规划建设员工作，部分地区将村级规划员岗位纳入公益性岗位指导目录，鼓励以村民小组设置规划建设协管员协助村民办理农房报建，鼓励采用社会招聘或依托规划编制单位驻场等方式推广乡村规划师制度。广东省住房和城乡建设厅组织各地建设主管部门，编制农村建筑设计图集和通用图纸无偿提供农户选择使用，同时加大宣传力度依法依规进行建设，村民住宅建设依法取得"乡村建设规划许可证"，严格执

行"一户一宅"宅基地标准按批准许可要求建设。

各地进一步优化乡村建设规划许可证发放程序，建立健全"宅地申请—带图报建—依规许可—按图施工—条件核实—验收发证"全过程管理。珠江三角洲乡镇建立简便高效的多部门联动机制和乡村综合所制度，将乡镇一级国土、规划、住建、房管、环保等部门纳入综合所统一管理简化办理流程。韶关市等地开展农村宅基地改革试点，建立农房竣工规划核实制度，通过旧村居拆除复垦和宅基地回收、补偿、安置、退出、流转等新机制，探索统一规划、分期安置、依法回收、合理补偿、有序流转的宅基地审批和管理新机制。清远市等地对于违法占地、未批先建、无证施工、超标建设等影响整体风貌行为，鼓励村委会或村民理事会等机构主动巡查举证，对于查实违法者将依法处理甚至予以拆除。政府采购委托第三方规划验收和价值评估，乡镇政府联合土地、建设、城管、村委四方检查执法，对于违法当事人和管理者则纳入负面信用体系，建立疏忽造成违法建设责任追究机制，确保乡村风貌规划和控制措施能够得到贯彻实施。

6.3.2 改革激励机制，探索涉农资金跨部门统筹使用

2018年年底广东省涉农资金统筹整合改革正式铺开，省长牵头成立涉农资金统筹整合领导小组，省财政厅厅长兼任领导小组办公室主任。省涉农资金统筹整合领导小组成员单位积极协作，各地深入推进改革实施取得了积极效果，针对以往涉农资金使用分散低效问题，广东围绕"统、放、管"三方面系统部署，建立了"重大专项+考核任务+绩效管理"涉农资金

管理新机制，省级政府将9部门26项专项资金整成1个"重大专项"，实现全农口部门涉农资金跨部门整合。改革实施以后涉农资金使用效益显著提升，广东省80%以上涉农资金投向了基层，90%以上投向了粤东、粤西、粤北，主要表现在集中专项资金办大事、办要事。

破解乡村管理难题一定要引入市场机制，切实完善乡村功能，将服务、监督、管理落到实处，各级财政安排补助资金实行竞争性分配，建立多渠道筹措资金实行"以奖代补"方式，各地申报建设项目先实施建设验收合格后接受"以奖代补"，对各类破坏性建设项目将不发放补贴资金。截至2020年年底，省级涉农资金支持推动全省95%以上自然村完成"三清、三拆、三整治"，农村无害化洁净厕所改造普及率达到99.5%，完成中小河流治理15260多公里。财政激励机制改革调动了市县政府的积极性，一些地方积极筹集资金加大前期经费投入，强化项目建设的科学规划和合理推进，实现涉农项目建设"成本低、质量好、速度快"。

广东省省委、省政府一直鼓励创新"三农"财政资金投入机制，例如四会市通过与国家开发银行合作，把重点建设资金全面投向农村基础设施建设，使四会市经济有了长期持续稳定发展的重要基础。对于农村公路等纯公益性基础设施，在国家开发银行"融资推动"理念的指引下，社会资金参与政府采购成为农村建设主体，对于农村供水、垃圾、污水处理等具有收益基础设施，在国家开发银行低成本资金或政府贴息引领下，社会资本通过PPP方式介入项目投资、建设和运营。国家开发银行支持基础设施完善后，产业规划导入有了坚实基础和必备条件，大、中、小、微型产业资本有了宽广的舞台，当地农村产业发展可以迎来更好的机会。

6.3.3 完善"规划—设计—建设—运营"一体化程序

广东省住房和城乡建设厅重视农用房屋建设审批效率，落实政府政务改革"最多跑一次"改革要求，建立农村住房联合审批制度和村级代理制度，通过联合检查、集中审批和统一验收等提高效率。部分市县试点下放审批权力或审查窗口前移，委托乡镇人民政府负责农村建设项目规划许可证发放，由村级代理将村民报建资料上报乡镇政府审批核发，建立健全的农村住房多部门线上联合审查审批制度，依据土地利用总体规划和其他有关计划进行联合初审，按照农村规划联合现场勘测和集中审批发证。翁源县等地鼓励探索村庄规划与建筑设计相结合，同步进行规划、设计、审批与实施过程，政府通过集中采购服务委托规划设计管理团队，进行村庄规划确定村庄发展方向、土地利用布局、公共设施安排和近期实施项目等；开展工程建设指导进行具体工程技术包括方案策划、初步设计、施工图设计、可行性研究和工程概预算等，鼓励采用EPC模式在政府指导下集中技术队伍、工程单位、合作企业等力量整合推进项目落地实施。

2017年11月，广东省住房和城乡建设厅决定在韶关市翁源县开展省定贫困村创建社会主义新农村示范村规划设计建设运营一体化试点县建设[86]。翁源县各级政府围绕"资金使用·项目推进·行动流程"三个一体化工作框架，按照"一环、五线、六片"布局建设宜居生态美丽乡村，确定整县统筹、分批推进、分类示范"三个一体化模式"乡村建设工作重要方向。翁源县制定了《创建省级社会主义新农村示范村规划设计建设运营一体化试点县实施方案》，明确以一条兰乡古韵环线带动、五条精品线路串联、六个美丽乡村示范片为总体工作布局，通过政府采购服务构建"规划—设计—建设—运营"联合团队，实现驻村规划、现场设计、在地建设的高度契合，提高资金使用效能创新项目建设效能和审批机制，以一体化工作框架整县推进乡村整治建设。翁源探索出"三个一体化"新路径，在实践中取得了显著成效，获得了专家肯定，在2018年被评为省农村人居环境整治示范县，为生态宜居美丽乡村建设提供了可复制、可推广的经验。

6.3.4 提倡优秀案例，发布乡村风貌塑造正负面清单

"寻找乡村振兴排头兵：广东十大美丽乡村与广东美丽乡村精品线路"活动由广东省委和南方报业集团合办，评选活动经过了申报推荐、网络票选、专家走访、综合评定等多个环节，全省20个地市、284个乡村、128条精品线路参选。2019年9月第一届评选结果揭晓，最终评出10个美丽乡村、50个特色名村、20条美丽乡村精品线路。广州市莲麻村等10个村落获得"广东十大美丽乡村"称号；梅州市"叶帅故里·国际慢城"等20条乡村旅游线路评为"广东美丽乡村精品线路"。2020年12月第二届评选结果出炉，广州市南平村等10个村落获得"广东十大美丽乡村"称号，佛山市百里芳华之西江十里画廊等20条乡村旅游线路获评为"广东美丽乡村精品线路"，同时评出"广东农房风貌提升名村""广东粤菜师傅名村""广东文化旅游名村""广东特色产业名村""广东贫困村创建名村"等奖项。2021年7月第三届"广东十大美丽乡村"系列活动在广州开始，"广

东美丽乡村线上云展馆"同步上线,希望通过"示范一片、带动一批、鼓励一群"的带动,继续利用榜样力量提供乡村振兴的广东经验。

2021年3月,广东省印发《广东省乡村风貌修复提升负面清单(试行)》[87],针对乡村建设中存在的建筑无序杂乱、生态环境受损、乡村风貌不美等现象,列举了乡土自然环境、既有建筑整治、新增项目建设、公共环境管理、历史文化名村和传统村落保护中存在问题,包括:新建房屋建筑风貌不应简单照搬外国外省建筑风格;既有建筑整治不应对农房外立面过度"涂脂抹粉"、盲目跟风"刷白墙";

公共环境管理不应照搬城市模式建设大公园、大广场、大雕塑、大喷泉等大面积硬底化铺装;不宜使用原色不锈钢材料等与周边环境不协调建筑材料做栏杆扶手等构件;不宜采用不适应当地环境的植物进行绿化景观营造;历史文化名村和传统村落不应对文物保护单位、历史文化设施、传统风貌建筑和老街、老巷、老井等采取盲目"铺水泥""贴瓷片"等破坏性方式修缮;乡土自然环境不应对溪流、沟渠、池塘等水体驳岸过度硬化。乡村风貌整治提升坚持和谐统一、尊重乡情文化、做出品位和特色,确保美丽乡村建设更加符合农村生活实际(表6-3-1)。

广东省乡村风貌修复提升负面清单   表6-3-1

分类	负面清单
新增项目建设	严禁违反乡村建设规划许可等管理要求进行建设
	按照"先整治、后审批、再建设"的原则,严格审批削坡建房,严禁违规新增削坡建房
	建筑风貌不应违背村庄规划、设计指引和村规民约的要求,不应简单照搬外国、外省建筑风格
既有建筑整治	严禁拆除已被确定为文物保护单位、文化遗产和历史建筑的农房
	不应拆除尚未列为文物保护单位或历史建筑,但建成时间年代较长、集中连片、风貌格局保存完整,具有较高科学、历史研究、纪念价值的老房老屋
	不应对农房外立面过度"涂脂抹粉"、盲目跟风"刷白墙"
公共环境管理	不应过多过度建设人造景观,特别是不应照搬城市模式建设大公园、大广场、大雕塑、大喷泉
	不宜对公共场地大面积硬底化或铺装形式与环境不协调
	不宜使用原色不锈钢材料等与周边环境不协调的建筑材料做栏杆、扶手等构件
	不宜采用购置和维护成本过高、不适应当地环境的植物进行绿化景观营造
历史文化名村传统村落保护	不应改变与村落相互依存的自然景观和环境
	严禁改变村落历史格局进行填塘、拉直道路等建设行为
	不应在核心保护范围内进行除必要基础设施和公共服务设施以外的新建、扩建活动
	不应对文物保护单位、历史建筑、传统风貌建筑和老街、老巷、老井等采取盲目"贴瓷片""铺水泥"等破坏性修缮
乡土自然环境	严禁破坏生态环境砍树挖山,破坏古树名木和珍贵树木及其生存的自然环境,破坏一级国家级公益林
	不应对溪流、沟渠、池塘等水体驳岸过渡硬化

(来源:根据《广东省乡村风貌修复提升负面清单(试行)》整理)

6.4 鼓励人才资金落地，产业特色化助力风貌塑造

6.4.1 农村科技特派员，助力农村产业化特色化

自2010年起，广东省科技厅认定第一批农村科技特派员及其工作站[88]，开展了卓有成效的农村农业科技服务，推广了一批适应地方需要的先进农业技术，围绕科技创新乡村振兴战略进行人才工作，鼓励农村科技特派员深入基层开展服务，先后发动省内77家高等学校和科研单位，组织4批次省级农村科技特派员行动，派驻农村科技特派员团队878个、特派员人数2106人次，安排农村科技特派员项目906个、金额超过9200万元，实现农村科技特派员在全省欠发达地区和少数民族自治县全覆盖。2021年3月，广东省科技厅制定了《广东省农村科技特派员管理办法》，实行分级管理并明确了各方主体职责义务，农业科技特派员成为一项长期持续工作任务。"科技下乡"确保先进科技应用于农业有效路径，政府组织农业科技特派员在农村开展培训课程，举办科技知识讲座和指导农民发展高附加值农业，实现农村农业的新技术、高效率、自动化，发展规模化农业种养殖基地，贯彻落实"一村一品"运动树立乡村品牌意识。

广东省农业农村厅实施"粤字号"农业品牌工程，制定特色农业品牌发展、质量兴农战略规划、品牌监管保护方案等政策措施，精炼一批产品品牌、提升一批企业品牌、扶强一批区域品牌，鼓励特色产品行业协会牵头申请注册地理标志商标，重点培育湛江海鲜、茂名荔枝、英德红茶、翁源兰花、德庆贡柑、广东丝苗米、茂名罗非鱼、新会柑普茶、清远鸡和梅州柚等特色地域品牌。到2020年年广东省品牌农产品数量达到2000个以上，构建农产品地理标志和商标品牌保护体系，大力推行"企业经营+商标品牌+农户生产"产业化经营模式，以品牌带动创新、质量、管理和效益的提升，提高广大特色产品市场化、产业化、品牌化程度，同时在农产品产地围绕特色主题进行乡村风貌塑造。例如，翁源县围绕兰花产业推进兰花特色小镇建设，连片集中打造兰花展示中心、特色兰花街区、兰花电商中心、兰花主题公园和兰花艺术集市，形成了"兰花+文化+旅游+乡村"特色小镇发展模式，持续为乡村振兴和风貌塑造注入新动力。

6.4.2 倡导万企帮万村，支持乡村振兴风貌塑造

2018年广东省省委、省政府倡导"万企帮万村"行动以来，大量企业结对帮扶农村脱贫攻坚、产业发展、乡村建设三大重点工作，为打赢脱贫攻坚战和推动乡村振兴贡献了重要力量，随后启动乡村振兴"万企帮万村"线上信息平台，帮助村企精准对接、供需信息匹配、提供分工协调等服务。截至2020年年底，该平台已向社会各界发布村庄名录13170个，累计发动10630个各类帮扶企业注册使用该平台，成功对接帮扶村庄8805个，启动企业帮扶项目5655个，投入帮扶资金134亿余元。"万企帮万

村"推进实行村企协商自愿结对，坚持政府引导、农民主体、村企自愿、合作共赢原则，针对粤东西北地区贫困村、空心村、民族村、薄弱村为重点，企业结合自身优势精准对接乡村资源禀赋，通过自愿结对增强乡村生产造血能力，为企业挖掘农业农村市场潜力提供了良好契机，促进农民持续增收和人居环境改善。"万企帮万村"建立了乡村振兴工作对接桥梁，一方面有利于改变广东部分农村落后面貌，另一方面也引导更多生产要素向农村转移，万企帮万村、万村帮万企，发动企业扎根农村最终实现村企共赢。

通过"万企帮万村"行动，广东大力发展产业帮扶激活乡村内生动力，各地顺势引导工商资本进入农业农村优势产业，大力推广"龙头企业+合作农社+专业农民"现代农业产业发展模式，在帮扶企业推动下受扶农村一二三产业融合发展。例如，碧桂园集团在清远市河头村帮扶发展乡村旅游观光农业，打造桑芽菜种植果园和百香果产业基地及碧桂园民宿等项目；广东顺欣渔业集团帮扶阳西县谷围村海上捕捞产业，带动当地村民共同走上富裕之路，2019年该村人均年收入达10.5万元、村集体总资产约10亿元；广东塔牌集团在蕉岭县象岭村投入1000万元基础设施建设，助力乡村道路、新村建设、亮化工程、生活饮水、文化活动中心等方面建设，使得该村人居生活环境、村容村貌有了极大改善，助推蕉岭乡村振兴和脱贫攻坚贡献企业力量。自"万企帮万村"行动开展以来，各大企业积极承担起社会责任统筹社会资本力量，加快补齐农村基础设施和公共服务设施短板，帮扶企业积极参与农村"三清、三拆、三整治"的清洁村庄行动、农房风貌

提升、"四小园"建设，全省农村面貌不断改善，美丽乡村建设成效明显。

6.4.3 乡村风貌示范带，打造乡村特色风景画廊

广东地区特有丘陵缓坡起伏、河流水网密布、海岸蜿蜒曲折地形地貌，加上南粤大地人口众多、民系复杂、风俗各异、文化汇聚等特性，广东乡村风貌塑造深挖历史古韵弘扬人文景观，结合广东传统节日文化的武术、龙舟、舞龙、舞狮、戏曲等民间艺术，挖掘龙舟制作、广东剪纸、粤绣技艺等农村文化遗产，推动优秀岭南文化遗产传承保护和合理利用。广东现存古驿道本体共计233条、长700多公里。各地政府通过挖掘、修复、活化古驿道上历史遗存，推动农业、文化、旅游、体育等绿色要素融合，让沿线村庄焕发新容颜、展现新风貌、迸发新生机，文化传承发展成为村民共识与内心认同，村民参与家乡建设和保护乡村风貌大幅提高。乡村风貌塑造紧紧抓住农房管控带动整体风貌提升，以广东绿道、碧道、古驿道、交通干道、景观廊道等线性空间，通过美丽乡村"精品路线"与"美丽廊道"建设，连线成片打造粤北山村、岭南水乡、滨海渔港等乡村风景画廊，绘就不同风貌特色的广东美丽乡村"全景画卷"。

2019年4月，广东省提出连线成片建设岭南特色乡村风貌示范带，推进沿边界线、沿交通线、沿城市郊区、沿旅游景区等"四沿"地区环境综合整治，还农民一个干净整洁的良好乡村风貌环境。优先沿省内武广高铁、京广铁路、京珠高速、广深高速等主要交通线路，对两侧各600米范围内建筑景观风貌进行整饬，

构建建筑风貌协调、田园气息浓郁、岭南特色明显的乡村风貌景观带，整合乡间民宿、特色小镇、农业公园、田园综合体、体验式农场等项目，以及丹霞山、鼎湖山、罗浮山等旅游景区周边，打造成景观连线成片、风景秀丽多姿、环境整洁舒适的乡村风景画廊。蕉岭县在完成农村环境风貌整治任务的基础上，重点推出8条美丽乡村精品游线，串联美丽乡村、红色资源、休闲农业、旅游景点、民宿餐饮等元素。蕉岭县石窟河"寿乡画廊"是广东美丽乡村精品线路典型县，当地串珠成链推进风貌，提升与乡村建设，打造寿乡画廊、十里滨江画廊、寿乡村落、芳心农场、招福花田、特色稻海和龙安美丽乡村等7个特色区，统筹推进美丽乡村建设同治、同建、同美，让农民参与建设连线成片，打造乡村风貌示范带。

6.4.4 乡村振兴大擂台，文化塑造岭南特色家园

2020年4月，广东广播电视台策划大型综艺节目《乡村振兴大擂台》启动，打造"乡村擂台真人秀＋演播厅观察"电视问政主题，得到省委、省政府主要领导表扬，新华社、人民日报、中国广播电视学刊等中央媒体进行了报道[89]。节目采取"乡村户外真人秀+沉浸式舞台表演+融媒体多屏互动"创新方式，通过书记点赞、同台比赛、专家拍砖、公众投票等多种独特形式，帮助各地查找问题短板和宣传资源优势。清远市等地参照同样模式推出《乡村振兴清远大擂台》，将乡村振兴"打擂比武"搬上电视屏幕，比发展、赛最美，8个县推举出24条乡村同台比武竞赛乡村振兴之路。参赛村庄围绕"农房管控风貌提升""厕所革命""垃圾治理""产业发展"等重点工作比赛强项成绩，展示各地乡村振兴工作成绩进步，同时对标优秀乡村评审标准揭短亮丑认识差距，各县党委书记们纷纷上阵为美丽乡村代言，围绕"农业农村短板变成长板"命题谈农村人居环境整治推进举措。《乡村振兴大擂台》在全媒体宣传平台助力下，挖掘农村人居环境的整治亮点和提升空间，掀起全市农村人居环境整治全方位比拼浪潮。

乡村风貌塑造是引领乡村复兴和城乡融合的战略、发现乡村价值和寻回传统的运动，需要强化产业融合带动和建筑风貌引导，建立一套科学完善的乡村治理体系、完整的乡村建设行动计划、全要素乡村风貌管控体系。以特色精品村创建、传统村落保护活化为契机，在全省建设一批具有地域文化鲜明、建筑风格多样、田园风光优美的岭南特色美丽家园和特色精品空间，从而全面提升美丽乡村建设质量。例如，清远市在"十三五"期间累计创建美丽乡村7672个，占全市自然村总数的51.69%，其中整洁村5750个、示范村1720个、特色村190个、生态村12个。优先选择自然资源丰富、传统文化资源潜力大、美丽宜居建设基础好的特色精品村，以农旅产业化、田园风光化、村落景观化的理念，建设具有岭南特色的美丽家园，重点推进村庄环境的景观改造和生态修复，通过"自然+设计""景观+艺术""文化+体验"等方式，促进乡村大地景观艺术化和乡村空间休闲化改造，打造田园风光优美、地域文化鲜明、建筑风格多样的特色精品空间，通过文化塑造释放乡村空间资源的多元价值优势。

6.5 小结

广东省需要以乡村生态保护修复优先为原则，在注重传承弘扬岭南文化基础上，有机整合全省生态资源、农业资源和文化资源，持续地保护、改善和提升农村人居环境和乡村风貌建设，把农房建设管控、农民持续增收和农村全面小康结合起来，推动农村成为具有内在生命动力、均衡协调、城乡融合的发展格局，将广东农村建设成为兼具自然生态、岭南特色、人文历史、产业优势、田园景观、建筑风貌和乡村旅游的社会主义中国美丽乡村样板。

附录

广东省典型地区乡村风貌塑造案例研究课题组实地调研行程一览

时间	调研行程	调研现场图
2020年 7月29日	调研组一行6人上午前往佛山市紫南村村委会开展座谈会，并开展实地调研工作，紫南村党委热情接待并详细介绍该村，在强有力的党委领导下，该村制定一系列社区风貌管理制度。带领调研组参观风貌塑造成就。下午前往佛山市罗园村等地实地走访	
2020年 7月30日	调研组一行4人上午前往珠海市斗门镇镇政府开展座谈会，随后调研了南门村的菉猗堂及其建筑群。下午前往珠海市莲江村实地走访。得益于经济特区前瞻性的人才和政策，珠海市乡村治理成效明显	
2020年 7月31日	调研组一行6人前往江门市塘口镇，参观了世界文化遗产——开平碉楼及前往强亚村实地走访，调研参观了"如也"民宿度假区、住宅村AAA级景观厕所、广东勋德艺术创作基地、旧厂改造而成的旧礼堂咖啡及图书馆、塘口青创基地等	
2020年 8月3日	调研组一行6人上午前往韶关市青云村开展实地调研，参观了青云驿站、建昌围、乡村振兴培训学院等。下午调研了青山村、蓝青村的乡村风貌建设情。翁源县是广东省"三个一体化"统筹实施示范县，在助场服务华南理工大学团队帮助，课题组前后反复进行多次调研	
2020年 8月4日	调研组一行4人上午前往清远市连樟村村委会开展座谈会，随后开展实地调研，参观了乡村振兴学院、连樟客厅、碧桂园扶贫车间、农业科技示范基地。下午调研了连樟村根竹坪及成樟淡地村的新村建设情况，随后参观了"野渡谷田园综合体"项目	

时间	调研行程	调研现场图
2020年 8月5日	调研组一行5人上午前往从化区莲麻村村委会开展座谈会，随后开展实地调研，参观了华夏莲舍、莲麻山香酒坊、黄沙坑革命遗址纪念馆等。下午前往从化区南平村村委会开展座谈会并实地调研了从化区南平村，参观了"南平静修小镇"的建设情况	
2020年 8月11日	调研组一行4人上午前往云浮市龙山塘村村委会开展座谈会，随后实地调研了其乡村风貌的建设情况。下午前往云浮市良洞村村委会开展座谈会，并实地考察了其乡村风貌的建设情况	
2020年 8月12日	调研组一行4人上午前往惠州市鹿颈村村委会开展座谈会，随后实地调研了其新村的建设情况及邓演达纪念园。下午前往惠州市下源村村委会开展座谈会，并实地考察了其乡村风貌的建设情况	
2020年 8月13日	调研组一行5人前往汕头市樟林村村委会开展座谈会，随后实地调研了其乡村风貌及南粤古驿道的建设情况，参观了新兴街、南盛里、山海雄镇庙等地	
2020年 8月14日	调研组一行5人前往梅州市雁上村村委会开展座谈会，随后实地调研了虎形村的新村建设情况，参观了叶帅故居和叶帅纪念园	

（来源：课题组自摄、自绘）

参考文献

[1] 中国政府网：中共中央、国务院印发的《乡村振兴战略规划（2018－2022年）》[EB]. [2018-09-26]. http://www.gov.cn/xinwen/2018-09/26/content_5325534.htm.

[2] 王蒙徽，李郇，潘安. 云浮实验[M]. 北京：中国建筑工业出版社，2012.

[3] 住房和城乡建设部：关于在城乡人居环境建设和整治中开展美好环境与幸福生活共同缔造活动的指导意见[EB]. [2019-03-02]. http://www.gov.cn/xinwen/2019-03/02/content_5369939.htm.

[4] 广东省人民政府：广东省人民政府关于全面推进农房管控和乡村风貌提升的指导意见（粤府〔2020〕43号）[EB]. [2020-08-09]. http://www.gd.gov.cn/zwgk/zcjd/bmjd/content/post_3068710.html.

[5] Nelson P B. Rural restructing in the American West land use family and class discourses[J]. Journal of Rural Studies, 2001（17）：395-407. [J].

[6] Isabelle Poudevigne，Sabine van Rooij，Pierre Morin，et al. Dynamics of rural landscape and their main driving factors：A case study in the Seine Valley，Nomandy，France[J]. Landscape and urban planning, 1997（38）：93-103.

[7] 王敏，张凌羽. 乡村振兴视野下乡村风貌空间重构及序参量识别——河南省长葛市石固镇实证研究[J]. 小城镇建设，2019，37(1)：48-55.

[8] 李王鸣，冯真，柴舟跃. 基于ESDA方法的区域乡村群体风貌规划体系研究——以舟山市定海区乡村为例[J]. 建筑与文化，2014，127(10)：94-96.

[9] 徐呈程，许建伟，高沂琛. "三生"系统视角下的乡村风貌特色规划营造研究——基于浙江省的实践[J]. 建筑与文化，2013，106(1)：70-71.

[10] 张立，王丽娟，李仁熙. 中国乡村风貌的困境、成因和保护策略探讨——基于若干田野调查的思考[J]. 国际城市规划，2019，34(5)：59-68.

[11] 刘敏. 乡村振兴背景下传统村落风貌重构的驱动因素——以皇都侗族文化村为例[J]. 乡村科技，2019，233(29)：46-47.

[12] 张静，沙洋. 探寻塑造新时代乡村风貌特色的内在机制——以浙江舟山海岛乡村为例[J]. 小城镇建设，2014，306(12)：28-29.

[13] 文瀚梓. 基于实地调查的乡村风貌保护与文化传承研究——以苏州乡村为例[J]. 安徽农业科学，2013，41(28)：11425-11427，1143.

[14] 文剑钢，文瀚梓. 新型城镇化的基本问题探讨——以苏南城镇化与乡村风貌保护为例[J]. 现代城市研究，2013，28(6)：9-19.

[15] 王丽萍. 乡村风貌营造研究[D]. 杭州浙江大学，2012.

[16] 广东省城乡规划设计研究院 美丽乡村与特色小城镇研究中心发布的《广东省乡村风貌管控与塑造研究（总报告）》[2019-10].

[17] 温春阳，翁毅. 新型城镇化背景下广东省村庄规划建设的实践与思考[J]. 城乡规划，2018(01)：33-39+58.

[18] 数据来源：2019年广东省国民经济和社会发展统计公报.

[19] 陆琦. 广东民居[M]. 北京：中国建筑工业出版社，2008.

[20] 陆琦. 广东民居[M]. 北京：中国建筑工业出版社，2008.

[21] 陆琦. 广府民居[M]. 北京：中国建筑工业出版社，2013.

[22] 潘莹. 潮汕民居[M]. 广州：华南理工大学出版社，2013.

[23] 潘安，郭惠华，魏建平，曹轶. 客家民居[M]. 广州：华南理工大学出版社，2013.

[24] 梁林. 雷州民居[M]. 广州：华南理工大学出版社，2013.

[25] 温春阳，翁毅. 新型城镇化背景下广东省村庄规划建设的实践与思考[J]. 城乡规划，2018(01)：33-39+58.

[26] 南方日报：政府工作报告——2020年1月14日在广东省第十三届人民代表大会第三次会议上.

[27] 广东省人民政府：我省100个省级产业园主导产业总价值1305.8亿元[EB]. [2020-10-12]. http://www.gd.gov.cn/gdywdt/bmdt/content/post_3098957.html.

[28] 广东省农业农村厅：广东省农业农村工作情况[EB]. [2019-12-19]. http://dara.gd.gov.cn/nyncgk/content/post_2720031.html.

[29] 广东省人民政府：数看2020广东省政府工作报告[EB]. [2020-01-14]. http://www.gd.gov.cn/zwgk/sjfb/sjfx/content/post_3017308.html.

[30] 广东省法学会：《关于制定广东省农村住房建设管理条例的议案》及房地产税立法咨询会在广州召开[EB]. [2018-04-25]. http://www.gdfxh.org.cn/xhdt/xkyjh/fdcf2017/201804/t20180425_937792.htm.

[31] 王蒙徽. 在云浮市宜居城市建设现场办公会议上的讲话（2010年2月26日）.

[32] 王蒙徽，李郇，潘安 建设人居环境 实现科学发展——云浮实验[J]. 城市规划，2012，36(01)：24-29.

[33] 中华人民共和国住房和城乡建设部：住房和城乡建设部关于在城乡人居环境建设和整治中开展美好环境与幸福生活共同缔造活动的指导意见. 建村[2019]19号[EB]. [2019-02-22]. http://www.mohurd.gov.cn/wjfb/201903/t20190301_239632.html.

[34] 广东省人民政府：我省启动"规划师、建筑师、工程师专业志愿者下乡服务"活动许瑞生寄望：愿岭南大地龙舟饭飘香"卢橘杨梅次第新"民谣常绕梁[EB]. [2014-09-15]. http://www.gd.gov.cn/gkmlpt/content/0/143/post_143284.html#43.

[35] 新华社：北京2月4日电（记者高敬、董峻）改革开放以来第20个、新世纪以来第15个指导"三农"工作的中央一号文件，4日由新华社授权发布。文件题为《中共中央 国务院 关于实施乡村振兴战略的意见》。[EB]. [2018-02-04]. https://baijiahao.baidu.com/s?id=1591477702040114928&wfr=spider&for=pc.

[36] 中华人民共和国住房和城乡建设部：广东出台美丽乡村3年行动计划[EB]. [2016.07.11]. http://www.mohurd.gov.cn/dfxx/201607/t20160714_228108.html.

[37] 中华人民共和国中央人民政府网：中共中央办公厅 国务院办公厅印发[2018-02-05] http://www.gov.cn/zhengce/2018-02/05/content_5264056.htm.

[38] 刘芳. 浅谈绿色交通的构建理念和经验做法[J]. 中国工程咨询，2014(03)：19-21.

[39] 中共广东省委办公厅广东省人民政府办公厅关于健身宜居城乡的实施意见 粤办发[2009]24号[EB]. [2009-07-20]. https://doc.xuehai.net/b3fb8c0151746899ae18879c0.html.

[40] 郁南县人民政府网[EB]. http://www.gdyunan.gov.cn.

[41] 新华网：中共中央 国务院关于打赢脱贫攻坚战的决定[EB]. [2015-12-07]. http://www.xinhuanet.com//politics/2015-12/07/c_1117383987.htm.

[42] 广东省人民政府：全省乡村振兴"万企兴万村"行动现场推进会在梅州市召开 连线成片打造乡村风貌示范带[EB]. [2021-05-26]. http://www.gd.gov.cn/zwgk/zdlyxxgkzl/fpgzxx/content/post_3291260.html.

[43] 中华人民共和国国务院新闻办公室：广东举行推动乡村振兴和"千村示范、万村整治"工程新闻发布会[EB]. [2019-05-03]. http://www.scio.gov.cn/xwfbh/xwbfbh/wqfbh/39595/40568/xgfbh40573/document/1655802/1655802.htm.

[44] 陈以琴. 广东文物特色的展现——浅析广东省第三次全国文物普查成果[J]. 客家文博，2016(02)：22-30.

[45] 广东省人民政府：首批广东省历史文化游径出炉 多条红色线路等你"打卡"[EB]. [2020-05-12]. http://www.gd.gov.cn/gdywdt/bmdt/content/post_2992547.html.

[46] 王蒙徽. 在云浮市宜居城市建设现场办公会议上

的讲话（2010年2月26日）。

[47]《新兴县籺竹镇良洞村委自然村规划》规划书。

[48]《新兴县农村住房建设管理试点工作实施方案》。

[49]《新兴县农村住房建设管理奖励办法（试行）》。

[50] 王蒙徽，李郇，潘安. 建设人居环境 实现科学发展——云浮实验[J]. 城市规划，2012，36(01)：24-29.

[51] 中央党校（国家行政学院）："羊城村干部上大学"工程专题研讨会暨第22期红棉论坛在广州市委党校举行[EB]. [2020-06-24]. https://www.ccps.gov.cn/xwpd/dfxy/202006/t20200624_141844.shtml.

[52] 广东省人民政府：六部门发倡议书号召全省企业参与"万企帮万村"行动[EB]. [2018-11-21]. http://www.gd.gov.cn/gdywdt/bmdt/content/post_162138.html.

[53]《广东乡村振兴万企帮万村100例》广东省委农办、广东省国资委、广东省工商联联合编撰。

[54]《英德市连江口镇连樟村社会主义新农村示范村整治规划》。

[55] 消费日报网：连樟村脱贫致富蝶变"网红村"[EB]. [2020-07-16]. https://baijiahao.baidu.com/s?id=1672340569161896580&wfr=spider&for=pc.

[56] 曹菁. 主流媒体打造脱贫"网红"村漫谈——以广东英德连樟村的舆论传播为例[J]. 新闻潮，2020(11)：10-12.

[57] 新华网：习近平：破解城乡二元结构，把短板变成"潜力板"[EB]. [2018-10-24]. http://www.xinhuanet.com/politics/2018-10/24/c_1123604364.htm.

[58] 中共广东省委办公厅文件. 粤办发[2018]21号. 中共广东省委办公厅 广东省人民政府办公厅印发《关于全域推进农村人居环境整治建设生态宜居美丽乡村的实施方案》。

[59] 广州市城市规划勘测设计研究院、从化区吕田镇人民政府联合发布的《从化区吕田镇莲麻村村庄规划（2014—2020）》。

[60]《广州市从化区吕田镇农房风貌管控细则》。

[61] 中华人民共和国农业农村部：中央农村工作领导小组办公室 农业农村部关于进一步加强农村宅基地管理的通知[EB]. [2019-09-20]. http://www.moa.gov.cn/gk/tzgg_1/tz/201909/t20190920_6328397.htm.

[62] 省财政厅. 粤财农〔2018〕199号. 关于下达2018年省级乡村振兴战略专项资金（林业产业发展）的通知。

[63] 广东省人民政府. 粤府〔2018〕123号. 关于印发广东省涉农资金统筹整合实施方案（试行）的通知。

[64] 广州市从化区国土资源和规划局、从化区温泉镇人民政府、广州市城市规划勘察设计研究院联合发布的《从化区南平静修小镇建设规划》。

[65] 叶红，陈可，李贝宁. 广东建设生态宜居美丽乡村"一体化"模式研究与实践[J]. 南方建筑，2019(02)：87-92.

[66]《翁源县农村住房设计图集建议方案》。

[67] 叶红，陈可，李贝宁. 广东建设生态宜居美丽乡村"一体化"模式研究与实践[J]. 南方建筑，2019(02)：87-92.

[68] 中国政府网：中共中央 国务院印发《乡村振兴战略规划（2018—2022年）》[EB]. [2018-09-26]. http://www.gov.cn/xinwen/2018-09/26/content_5325534.htm.

[69] 中华人民共和国住房和城乡建设部：住房城乡建设部关于开展引导和支持设计下乡工作的通知[EB]. [2018-09-14]. http://www.mohurd.gov.cn/wjfb/201809/t20180918_237634.html.

[70] 覃志凝. 珠海乡村风貌导控体系研究[D]. 华南理工大学，2020.

[71] 广东省住房和城乡建设厅：关于拟命名广东省住房和城乡建设系统劳模和工匠人才创新工作室的公示[EB]. [2019-12-10]. http://zfcxjst.gd.gov.cn/xxgk/gsgg/content/post_2714829.html.

[72] 汕头市澄海规划设计研究院发布：《汕头市澄海区东里镇历史文化保护规划》。

[73] 广东省城乡规划设计研究院发布：《樟林古港古驿道环境综合整治实施规划设计》。

[74] 广东省人民政府：广东省人民政府办公厅印发关于加强历史建筑保护意见的通知[EB]. [2014-10-23]. http://www.gd.gov.cn/zwgk/gongbao/2014/31/content_post_3364401.html.

[75] 唐曦文，梅欣，叶青. 探寻南粤文明复兴之路——《广东省南粤古驿道线路保护与利用总体规划》简介[J]. 南方建筑，2017(06)：5-12.

[76] 中共翁源县委 翁源县人民政府、华南理工大学广东省村镇可持续发展研究中心编制的《翁源县创建省级新农村一体化试点和"三青"示范片美丽乡村共同缔造工作概况宣传手册》。

[77]《翁源县2020年农房管控工作方案》。

[78] 韶关新闻网：翁源高质量推进农房管控和乡村风貌提升工作致力打造美丽乡村"翁源样板"[EB]. [2020-09-27]. http://www.sgxw.cn/2020/0927/18411.shtml.

[79] 《广州市美丽乡村建设三年行动计划(2016—2018)》.

[80] 魏剑丹，郭素萍，邹伟勇. 从新农村建设到乡村振兴的广东省实践探索[J]. 南方建筑，2019(02)：62-67.

[81] 新华网：习近平报道专集《习近平：破解城乡二元结构，把短板变成"潜力板"》[EB]. [2018-10-24]. http://www.xinhuanet.com/politics/2018/10/24/c_1123604364.htm.

[82] 《广东省实施乡村振兴战略规划（2018—2022年）》广东省委、省政府印发.

[83] 广东省人民政府：广东省人民政府关于全面推进农房管控和乡村风貌提升的指导意见[EB]. [2020-08-09]. http://www.gd.gov.cn/xxts/content/post_3061472.html.

[84] 新华社：中国共产党第十八届中央委员会第三次全体会议公报[EB]. [2013-11-12]. http://cpc.people.com.cn/n/2013/1112/c64094-23519137.html.

[85] 广东省农业农村厅：资源"活"起来 土地"转"起来 经济"强"起来广东积极探索农村集体经济有效实现形式[EB]. [2019-04-16]. http://dara.gd.gov.cn/nyyw/content/post_2275379.html.

[86] 南方杂志：翁源：新农村建设"一体化"模式的探索与实践[EB]. [2018-08-10]. http://epaper.southcn.com/nfzz/286/content/2018-08-10/content_182893239.htm.

[87] 广东省住房和城乡建设厅：关于印发广东省乡村风貌修复提升负面清单（试行）的通知[EB]. [2021-03-04]. http://zfcxjst.gd.gov.cn/xxgk/wjtz/content/post_3234947.html.\

[88] 关于深入开展农村科技特派员科技服务行动推进广东现代农业发展的意见（粤科农字〔2010〕149号）

[89] 中国新闻出版广电报：广东广播电视台推出《乡村振兴大擂台》[EB]. [2020-06-22]. http://www.zgjx.cn/2020/06/22/c_139156993.htm.

后记和致谢

本书内容基于中华人民共和国住房和城乡建设部小城镇建设规划事业费专项"广东省典型地区乡村风貌塑造案例研究（2020年）"课题研究成果，是作者团队以及广东工业大学研究团队相关成员等，在全国政协、住房和城乡建设部、广东省住房和城乡建设厅的指导下，从全省贫困村编制规划指导和整治提升工作开始，对过去五年广东乡村风貌塑造工作进行归纳，总结了广东典型地区乡村风貌塑造的形成机制，以期对全国乡村建设工作提供研究案例支持。

课题开展需要感谢全国政协委员林武、岳世鑫、陈显国、傅建国、黄少康等对广东乡村建设工作殷切关怀，感谢住房和城乡建设部王蒙徽、倪虹、张学勤、侯文峻等人的亲自部署指导并安排经费，感谢广东省住房和城乡建设厅刘耿辉、李玉泉、席让平、李宏林等人的信任支持和全程帮助，感谢参与调研各市县及镇村干部无私提供资料和意见，也要感谢课题组其他成员：朱雪梅、江海燕、陈浩强、吉慧、王梦蕊、藏鹏、欧阳来禄、文译等共同完成此成果。

课题研究得到了华南理工大学乡村振兴与发展研究院叶红院长和广东省城乡规划设计研究院有限公司蔡穗虹主任的支持，感谢以上两所单位为课题组提供的研究资料。本课题成果还得到广东省自然资源厅的支持和指导，部分吸纳"广东省国土空间生态修复工程建设标准研究项目"课题有关传统村落生态修复研究成果以及经费资助。广东工业大学建筑与城市规划学院李煜均、李明煜、苏入商等研究生，也为协助本书的资料整理和编辑出版做了大量工作。